Cambridge Plain Texts

LA BRUYÈRE

LES CARACTÈRES

LA BRUYÈRE

LES CARACTÈRES

OU

LES MŒURS DE CE SIÈCLE

CAMBRIDGE
AT THE UNIVERSITY PRESS
1923

CAMBRIDGE UNIVERSITY PRESS
Cambridge, New York, Melbourne, Madrid, Cape Town,
Singapore, São Paulo, Delhi, Mexico City

Cambridge University Press
The Edinburgh Building, Cambridge CB2 8RU, UK

Published in the United States of America by Cambridge University Press, New York

www.cambridge.org
Information on this title: www.cambridge.org/9781107694224

First published 1923
Re-issued 2013

A catalogue record for this publication is available from the British Library

ISBN 978-1-107-69422-4 Paperback

NOTE

"Sur ce qui concerne les mœurs, le plus beau, et le meilleur est enlevé; l'on ne fait que glaner après les anciens et les habiles d'entre les modernes." So says Jean de la Bruyère (1645–1696) in the first *remarque* of *Les Caractères* (1688), and he proceeds to glean with remarkable success. Whereas his great predecessors—Pascal and La Rochefoucauld, Molière and Racine, Bossuet and Bourdaloue—had explored the recesses of the human soul, La Bruyère kept modestly to the surface, noting with minute accuracy all the gestures, tricks, and habits which make up the outward bearing of a man. From these data he drew portraits either of individuals or types, portraits which are highly diverting and which are constructed with consummate art, but which are necessarily imperfect because they give only the outward man.

But they are only part of his design, which is no less than a comprehensive and critical picture of the society of his day, and in the execution of which he employs a great variety of methods—portraits, maxims, reflections, short essays, biography, dialogue, comedy, and even a romance (Elmire).

In style too he was an innovator. Style, he said, had reached perfection, but there was just one thing left—to put more thought into it ("y introduire de l'esprit"). And this he explains by saying that "tout l'esprit d'un auteur consiste à bien définir et à bien peindre," *i.e.* in finding the right word and the right expression, and in describing accurately what you see.

His own style, which blends the long oratorical period of the seventeenth century with the short broken one of the eighteenth, represents the transition from Bossuet and Malebranche to Montesquieu and Voltaire.

Les Caractères originally consisted of sixteen chapters, preceded by a translation of *The Characters* of Theophrastus. La Bruyère made no addition to the number of his chapters in succeeding editions, but he increased his *remarques* from 420 to 1120, so that the eighth edition (1694), the last published in his lifetime, is nearly three times as long as the original one.

A. T.

July, 1922

CONTENTS

DU MÉRITE PERSONNEL

Qui peut, avec les plus rares talents et le plus excellent mérite, n'être pas convaincu de son inutilité, quand il considère qu'il laisse en mourant un monde qui ne se sent pas de sa perte et où tant de gens se trouvent pour le remplacer?

De bien des gens il n'y a que le nom qui vale quelque chose. Quand vous les voyez de fort près, c'est moins que rien; de loin, ils imposent.

Tout persuadé que je suis que ceux que l'on choisit pour de différents emplois, chacun selon son génie et sa profession, font bien, je me hasarde de dire qu'il se peut faire qu'il y ait au monde plusieurs personnes, connues ou inconnues, que l'on n'emploie pas, qui feraient très bien; et je suis induit à ce sentiment par le merveilleux succès de certaines gens que le hasard seul a placés, et de qui jusques alors on n'avait pas attendu de fort grandes choses.

Combien d'hommes admirables, et qui avaient de très beaux génies, sont morts sans qu'on en ait parlé! Combien vivent encore dont on ne parle point, et dont on ne parlera jamais!

Quelle horrible peine à un homme qui est sans prôneurs et sans cabale, qui n'est engagé dans aucun corps, mais qui est seul, et qui n'a que beaucoup de mérite pour toute recommandation, de se faire jour à travers l'obscurité où il se trouve, et de venir au niveau d'un fat qui est en crédit?

Personne presque ne s'avise de lui-même du mérite d'un autre.

Les hommes sont trop occupés d'eux-mêmes pour avoir le loisir de pénétrer ou de discerner les autres : de là vient qu'avec un grand mérite et une plus grande modestie l'on peut être longtemps ignoré.

Le génie et les grands talents manquent souvent, quelquefois aussi les seules occasions : tels peuvent être loués de ce qu'ils ont fait, et tels de ce qu'ils auraient fait.

Il est moins rare de trouver de l'esprit que des gens qui se servent du leur, ou qui fassent valoir celui des autres et le mettent à quelque usage.

Il y a plus d'outils que d'ouvriers, et de ces derniers plus de mauvais que d'excellents : que pensez-vous de celui qui veut scier avec un rabot, et qui prend sa scie pour raboter ?

Il n'y a point au monde un si pénible métier que celui de se faire un grand nom ; la vie s'achève que l'on a à peine ébauché son ouvrage.

Que faire d'*Égésippe*, qui demande un emploi ? Le mettra-t-on dans les finances, ou dans les troupes ? Cela est indifférent, et il faut que ce soit l'intérêt seul qui en décide, car il est aussi capable de manier de l'argent, ou de dresser des comptes, que de porter les armes : il est propre à tout, disent ses amis, ce qui signifie toujours qu'il n'a pas plus de talent pour une chose que pour une autre, ou, en d'autres termes, qu'il n'est propre à rien. Ainsi la plupart des hommes, occupés d'eux seuls dans leur jeunesse, corrompus par la paresse ou par le plaisir, croient faussement, dans un âge plus avancé, qu'il leur suffit d'être inutiles ou dans l'indigence, afin que la république soit engagée à les placer ou à les secourir ; et ils profitent rarement de cette leçon si importante : que les hommes devraient employer les premières années de leur vie à devenir tels par leurs études et par leur travail que la république elle-même eût besoin de leur industrie et de leurs lumières, qu'ils fussent comme une pièce nécessaire à tout son édifice, et qu'elle se trouvât portée par ses propres avantages à faire leur fortune ou à l'embellir.

Nous devons travailler à nous rendre très dignes de quelque emploi: le reste ne nous regarde point, c'est l'affaire des autres.

Se faire valoir par des choses qui ne dépendent point des autres, mais de soi seul, ou renoncer à se faire valoir: maxime inestimable et d'une ressource infinie dans la pratique, utile aux faibles, aux vertueux, à ceux qui ont de l'esprit, qu'elle rend maîtres de leur fortune ou de leur repos; pernicieuse pour les grands, qui diminuerait leur cour, ou plutôt le nombre de leurs esclaves, qui ferait tomber leur morgue avec une partie de leur autorité, et les réduirait presque à leurs entremets et à leurs équipages; qui les priverait du plaisir qu'ils sentent à se faire prier, presser, solliciter, à faire attendre ou à refuser, à promettre et à ne pas donner; qui les traverserait dans le goût qu'ils ont quelquefois à mettre les sots en vue et à anéantir le mérite quand il leur arrive de le discerner; qui bannirait des cours les brigues, les cabales, les mauvais offices, la bassesse, la flatterie, la fourberie; qui ferait d'une cour orageuse, pleine de mouvements et d'intrigues, comme une pièce comique, ou même tragique, dont les sages ne seraient que les spectateurs; qui remettrait de la dignité dans les différentes conditions des hommes, de la sérénité sur le visage; qui étendrait leur liberté; qui réveillerait en eux, avec les talents naturels, l'habitude du travail et de l'exercice; qui les exciterait à l'émulation, au désir de la gloire, à l'amour de la vertu; qui, au lieu de courtisans vils, inquiets, inutiles, souvent onéreux à la république, en ferait ou de sages économes, ou d'excellents pères de famille, ou des juges intègres, ou de bons officiers, ou de grands capitaines, ou des orateurs, ou des philosophes; et qui ne leur attirerait à tous nul autre inconvénient que celui peut-être de laisser à leurs héritiers moins de trésors que de bons exemples.

Il faut en France beaucoup de fermeté et une grande étendue d'esprit pour se passer des charges et des emplois, et consentir ainsi à demeurer chez soi et à ne rien faire. Personne presque n'a assez de mérite pour jouer ce rôle avec dignité, ni assez de fonds pour remplir le vide du temps, sans ce que le vulgaire appelle des affaires. Il ne manque cependant à l'oisiveté du sage qu'un meilleur nom, et que méditer, parler, lire et être tranquille s'appelât travailler.

Un homme de mérite, et qui est en place, n'est jamais incommode par sa vanité; il s'étourdit moins du poste qu'il occupe qu'il n'est humilié par un plus grand qu'il ne remplit pas et dont il se croit digne: plus capable d'inquiétude que de fierté ou de mépris pour les autres, il ne pèse qu'à soi-même.

Il coûte à un homme de mérite de faire assidûment sa cour, mais par une raison bien opposée à celle que l'on pourrait croire: il n'est point tel sans une grande modestie qui l'éloigne de penser qu'il fasse le moindre plaisir aux princes s'il se trouve sur leur passage, se poste devant leurs yeux, et leur montre son visage; il est plus proche de se persuader qu'il les importune, et il a besoin de toutes les raisons tirées de l'usage et de son devoir pour se résoudre à se montrer. Celui au contraire qui a bonne opinion de soi, et que le vulgaire appelle un glorieux, a du goût à se faire voir, et il fait sa cour avec d'autant plus de confiance qu'il est incapable de s'imaginer que les grands dont il est vu pensent autrement de sa personne qu'il fait lui-même.

Un honnête homme se paye par ses mains de l'application qu'il a à son devoir par le plaisir qu'il sent à le faire, et se désintéresse sur les éloges, l'estime et la reconnaissance, qui lui manquent quelquefois.

Si j'osais faire une comparaison entre deux conditions tout à fait inégales, je dirais qu'un homme de cœur pense à remplir ses devoirs à peu près comme le couvreur songe à couvrir : ni l'un ni l'autre ne cherchent à exposer leur vie, ni ne sont détournés par le péril ; la mort pour eux est un inconvénient dans le métier, et jamais un obstacle. Le premier aussi n'est guère plus vain d'avoir paru à la tranchée, emporté un ouvrage ou forcé un retranchement, que celui-ci d'avoir monté sur de hauts combles ou sur la pointe d'un clocher. Ils ne sont tous deux appliqués qu'à bien faire, pendant que le fanfaron travaille à ce que l'on dise de lui qu'il a bien fait.

La modestie est au mérite ce que les ombres sont aux figures dans un tableau : elle lui donne de la force et du relief.

Un extérieur simple est l'habit des hommes vulgaires ; il est taillé pour eux et sur leur mesure ; mais c'est une parure pour ceux qui ont rempli leur vie de grandes actions : je les compare à une beauté négligée, mais plus piquante.

Certains hommes, contents d'eux-mêmes, de quelque action ou de quelque ouvrage qui ne leur a pas mal réussi, et ayant ouï dire que la modestie sied bien aux grands hommes, osent être modestes, contrefont les simples et les naturels; semblables à ces gens d'une taille médiocre qui se baissent aux portes, de peur de se heurter.

Votre fils est bègue: ne le faites pas monter sur la tribune. Votre fille est née pour le monde: ne l'enfermez pas parmi les vestales. *Xantus*, votre affranchi, est faible et timide: ne différez pas, retirez-le des légions et de la milice.—Je veux l'avancer, dites-vous.—Comblez-le de biens, surchargez-le de terres, de titres et de possessions; servez-vous du temps: nous vivons dans un siècle où elles lui feront plus d'honneur que la vertu.—Il m'en coûterait trop, ajoutez-vous.—Parlez-vous sérieusement, *Crassus*? Songez-vous que c'est une goutte d'eau que vous puisez du Tibre pour enrichir Xantus que vous aimez, et pour prévenir les honteuses suites d'un engagement où il n'est pas propre?

Il ne faut regarder dans ses amis que la seule vertu qui nous attache à eux, sans aucun examen de leur bonne ou de leur mauvaise fortune; et, quand on se sent capable de les suivre dans leur disgrâce, il faut les cultiver hardiment et avec confiance jusque dans leur plus grande prospérité.

S'il est ordinaire d'être vivement touché des choses rares, pourquoi le sommes-nous si peu de la vertu?

S'il est heureux d'avoir de la naissance, il ne l'est pas moins d'être tel qu'on ne s'informe plus si vous en avez.

Il apparaît de temps en temps sur la surface de la terre des hommes rares, exquis, qui brillent par leur vertu, et dont les qualités éminentes jettent un éclat prodigieux. Semblables à ces étoiles extraordinaires dont on ignore les causes, et dont on sait encore moins ce qu'elles deviennent après avoir disparu, ils n'ont ni aïeuls ni descendants ; ils composent seuls toute leur race.

Le bon esprit nous découvre notre devoir, notre engagement à le faire, et s'il y a du péril, avec péril : il inspire le courage, ou il y supplée.

Quand on excelle dans son art, et qu'on lui donne toute la perfection dont il est capable, l'on en sort en quelque manière, et l'on s'égale à ce qu'il y a de plus noble et de plus relevé. V** est un peintre, C** un musicien, et l'auteur de *Pyrame* est un poète ; mais MIGNARD est MIGNARD, LULLI est LULLI, et CORNEILLE est CORNEILLE.

Un homme libre, et qui n'a point de femme, s'il a quelque esprit, peut s'élever au-dessus de sa fortune, se mêler dans le monde, et aller de pair avec les plus honnêtes gens. Cela est moins facile à celui qui est engagé : il semble que le mariage met tout le monde dans son ordre.

Après le mérite personnel, il faut l'avouer, ce sont les éminentes dignités et les grands titres dont les hommes tirent plus de distinction et plus d'éclat ; et qui ne sait être un ÉRASME doit penser à être évêque. Quelques-uns, pour étendre leur renommée, entassent sur leurs personnes des pairies, des colliers d'ordre, des primaties, la pourpre, et ils auraient besoin d'une tiare ; mais quel besoin a *Trophime* d'être cardinal ?

L'or éclate, dites-vous, sur les habits de *Philémon*.— Il éclate de même chez les marchands.—Il est habillé des plus belles étoffes.—Le sont-elles moins toutes déployées dans les boutiques et à la pièce?—Mais la broderie et les ornements y ajoutent encore la magnificence.—Je loue donc le travail de l'ouvrier.—Si on lui demande quelle heure il est, il tire une montre qui est un chef-d'œuvre; la garde de son épée est un onyx; il a au doigt un gros diamant qu'il fait briller aux yeux, et qui est parfait; il ne lui manque aucune de ces curieuses bagatelles que l'on porte sur soi autant pour la vanité que pour l'usage, et il ne se plaint non plus toute sorte de parure qu'un jeune homme qui a épousé une riche vieille.—Vous m'inspirez enfin de la curiosité; il faut voir du moins des choses si précieuses: envoyez-moi cet habit et ces bijoux de Philémon, je vous quitte de la personne.

Tu te trompes, Philémon, si avec ce carrosse brillant, ce grand nombre de coquins qui te suivent, et ces six bêtes qui te traînent, tu penses que l'on t'en estime davantage: l'on écarte tout cet attirail, qui t'est étranger, pour pénétrer jusques à toi, qui n'es qu'un fat.

Ce n'est pas qu'il faut quelquefois pardonner à celui qui, avec un grand cortège, un habit riche et un magnifique équipage, s'en croit plus de naissance et plus d'esprit: il lit cela dans la contenance et dans les yeux de ceux qui lui parlent.

Un homme à la cour, et souvent à la ville, qui a un long manteau de soie ou de drap de Hollande, une ceinture large et placée haut sur l'estomac, le soulier de maroquin, la calotte de même, d'un beau grain, un collet bien fait et bien empesé, les cheveux arrangés et le teint vermeil, qui avec cela se souvient de quelques distinctions métaphysiques, explique ce que c'est que la lumière de gloire, et sait précisément comment l'on voit Dieu, cela s'appelle un docteur. Une personne humble, qui est ensevelie dans le cabinet, qui a médité, cherché, consulté, confronté, lu ou écrit pendant toute sa vie, est un homme docte.

Chez nous, le soldat est brave, et l'homme de robe est savant; nous n'allons pas plus loin. Chez les Romains, l'homme de robe était brave, et le soldat était savant: un Romain était tout ensemble et le soldat et l'homme de robe.

Il semble que le héros est d'un seul métier, qui est celui de la guerre, et que le grand homme est de tous les métiers, ou de la robe, ou de l'épée, ou du cabinet, ou de la cour: l'un et l'autre mis ensemble ne pèsent pas un homme de bien.

Dans la guerre, la distinction entre le héros et le grand homme est délicate: toutes les vertus militaires font l'un et l'autre. Il semble néanmoins que le premier soit jeune, entreprenant, d'une haute valeur, ferme dans les périls, intrépide; que l'autre excelle par un grand sens, par une vaste prévoyance, par une haute capacité, et par une longue expérience. Peut-être qu'ALEXANDRE n'était qu'un héros, et que CÉSAR était un grand homme.

Æmile était né ce que les plus grands hommes ne deviennent qu'à force de règles, de méditation et d'exercice. Il n'a eu dans ses premières années qu'à remplir des talents qui étaient naturels et qu'à se livrer à son génie. Il a fait, il a agi, avant que de savoir, ou plutôt il a su ce qu'il n'avait jamais appris. Dirai-je que les jeux de son enfance ont été plusieurs victoires? Une vie accompagnée d'un extrême bonheur joint à une longue expérience serait illustre par les seules actions qu'il avait achevées dès sa jeunesse. Toutes les occasions de vaincre qui se sont depuis offertes, il les a embrassées; et celles qui n'étaient pas, sa vertu et son étoile les ont fait naître: admirable même et par les choses qu'il a faites, et par celles qu'il aurait pu faire. On l'a regardé comme un homme incapable de céder à l'ennemi, de plier sous le nombre ou sous les obstacles; comme une âme du premier ordre, pleine de ressources et de lumières, et qui voyait encore où personne ne voyait plus; comme celui qui, à la tête des légions, était pour elles un présage de la victoire, et qui valait seul plusieurs légions; qui était grand dans la prospérité, plus grand quand la fortune lui a été contraire: (la levée d'un siège, une retraite, l'ont plus ennobli que ses triomphes); l'on ne met qu'après les batailles gagnées et les villes prises; qui était rempli de gloire et de modestie: on lui a entendu dire: *Je fuyais*, avec la même grâce qu'il disait: *Nous les battîmes*; un homme dévoué à l'État, à sa famille, au chef de sa famille; sincère pour Dieu et pour les hommes; autant admirateur du mérite que s'il lui eût été moins propre et moins familier; un homme vrai, simple, magnanime, à qui il n'a manqué que les moindres vertus.

Les enfants des dieux, pour ainsi dire, se tirent des règles de la nature et en sont comme l'exception: ils n'attendent presque rien du temps et des années. Le mérite chez eux devance l'âge. Ils naissent instruits, et ils sont plus tôt des hommes parfaits que le commun des hommes ne sort de l'enfance.

Les vues courtes, je veux dire les esprits bornés et resserrés dans leur petite sphère, ne peuvent comprendre cette universalité de talents que l'on remarque

quelquefois dans un même sujet: où ils voient l'agréable, ils en excluent le solide; où ils croient découvrir
les grâces du corps, l'agilité, la souplesse, la dextérité,
ils ne veulent plus y admettre les dons de l'âme, la
profondeur, la réflexion, la sagesse: ils ôtent de
l'histoire de SOCRATE qu'il ait dansé.

Il n'y a guère d'homme si accompli et si nécessaire
aux siens qu'il n'ait de quoi se faire moins regretter.

Un homme d'esprit et d'un caractère simple et
droit peut tomber dans quelque piège; il ne pense pas
que personne veuille lui en dresser, et le choisir pour
être sa dupe: cette confiance le rend moins précau-
tionné, et les mauvais plaisants l'entament par cet
endroit. Il n'y a qu'à perdre pour ceux qui en
viendraient à une seconde charge: il n'est trompé
qu'une fois.

J'éviterai avec soin d'offenser personne, si je suis
équitable; mais sur toutes choses un homme d'esprit,
si j'aime le moins du monde mes intérêts.

Il n'y a rien de si délié, de si simple et de si imper-
ceptible, où il n'entre des manières qui nous décèlent.
Un sot ni n'entre, ni ne sort, ni ne s'assied, ni ne se
lève, ni ne se tait, ni n'est sur ses jambes, comme un
homme d'esprit.

Je connais *Mopse* d'une visite qu'il m'a rendue sans
me connaître. Il prie des gens qu'il ne connaît point
de le mener chez d'autres dont il n'est pas connu; il
écrit à des femmes qu'il connaît de vue; il s'insinue
dans un cercle de personnes respectables, et qui ne
savent quel il est, et là, sans attendre qu'on l'interroge,
ni sans sentir qu'il interrompt, il parle, et souvent,
et ridiculement. Il entre une autre fois dans une assemblée, se place où il se trouve, sans nulle attention

aux autres ni à soi-même; on l'ôte d'une place destinée
à un ministre, il s'assied à celle du duc et pair; il est
là précisément celui dont la multitude rit, et qui seul
est grave et ne rit point. Chassez un chien du fauteuil
du roi, il grimpe à la chaire du prédicateur; il regarde
le monde indifféremment, sans embarras, sans pudeur;
il n'a pas, non plus que le sot, de quoi rougir.

Celse est d'un rang médiocre, mais des grands le
souffrent; il n'est pas savant; il a relation avec des
savants; il a peu de mérite, mais il connaît des gens
qui en ont beaucoup; il n'est pas habile, mais il a une
langue qui peut servir de truchement, et des pieds
qui peuvent le porter d'un lieu à un autre. C'est un
homme né pour les allées et venues, pour écouter des
propositions et les rapporter, pour en faire d'office,
pour aller plus loin que sa commission, et en être
désavoué, pour réconcilier des gens qui se querellent
à leur première entrevue, pour réussir dans une affaire
et en manquer mille, pour se donner toute la gloire de
la réussite, et pour détourner sur les autres la haine
d'un mauvais succès. Il sait les bruits communs, les
historiettes de la ville; il ne fait rien, il dit ou il écoute
ce que les autres font; il est nouvelliste; il sait même
le secret des familles; il entre dans de plus hauts
mystères; il vous dit pourquoi celui-ci est exilé, et
pourquoi on rappelle cet autre; il connaît le fond et
les causes de la brouillerie des deux frères et de la
rupture des deux ministres. N'a-t-il pas prédit aux
premiers les tristes suites de leur mésintelligence?
N'a-t-il pas dit de ceux-ci que leur union ne serait
pas longue? N'était-il pas présent à de certaines
paroles qui furent dites? N'entra-t-il pas dans une
espèce de négociation? Le voulut-on croire? fut-il

écouté? A qui parlez-vous de ces choses? Qui a eu plus de part que Celse à toutes ces intrigues de cour? Et si cela n'était ainsi, s'il ne l'avait du moins ou rêvé ou imaginé, songerait-il à vous le faire croire? aurait-il l'air important et mystérieux d'un homme revenu d'une ambassade?

Ménippe est l'oiseau paré de divers plumages qui ne sont pas à lui. Il ne parle pas, il ne sent pas; il répète des sentiments et des discours, se sert même si naturellement de l'esprit des autres qu'il y est le premier trompé, et qu'il croit souvent dire son goût ou expliquer sa pensée, lorsqu'il n'est que l'écho de quelqu'un qu'il vient de quitter. C'est un homme qui est de mise un quart d'heure de suite, qui le moment d'après baisse, dégénère, perd le peu de lustre qu'un peu de mémoire lui donnait, et montre la corde. Lui seul ignore combien il est au-dessous du sublime et de l'héroïque; et incapable de savoir jusqu'où l'on peut avoir de l'esprit, il croit naïvement que ce qu'il en a est tout ce que les hommes en sauraient avoir: aussi a-t-il l'air et le maintien de celui qui n'a rien à désirer sur ce chapitre, et qui ne porte envie à personne. Il se parle souvent à soi-même, et il ne s'en cache pas; ceux qui passent le voient, et qu'il semble toujours prendre un parti ou décider qu'une telle chose est sans réplique. Si vous le saluez quelquefois, c'est le jeter dans l'embarras de savoir s'il doit rendre le salut, ou non; et pendant qu'il délibère, vous êtes déjà hors de portée. Sa vanité l'a fait honnête homme, l'a mis au-dessus de lui-même, l'a fait devenir ce qu'il n'était pas. L'on juge, en le voyant, qu'il n'est occupé que de sa personne, qu'il sait que tout lui sied bien, et que sa parure est assortie, qu'il croit que tous les yeux sont ouverts sur lui, et que les hommes se relayent pour le contempler.

Celui qui, logé chez soi dans un palais, avec deux appartements pour les deux saisons, vient coucher au Louvre dans un entre-sol, n'en use pas ainsi par modestie. Cet autre qui, pour conserver une taille fine, s'abstient du vin et ne fait qu'un seul repas, n'est ni sobre ni tempérant; et d'un troisième qui, importuné d'un ami pauvre, lui donne enfin quelque secours, l'on dit qu'il achète son repos, et nullement qu'il est libéral. Le motif seul fait le mérite des actions des hommes, et le désintéressement y met la perfection.

La fausse grandeur est farouche et inaccessible: comme elle sent son faible, elle se cache, ou du moins ne se montre pas de front, et ne se fait voir qu'autant qu'il faut pour imposer et ne paraître point ce qu'elle est, je veux dire une vraie petitesse. La véritable grandeur est libre, douce, familière, populaire; elle se laisse toucher et manier, elle ne perd rien à être vue de près; plus on la connaît, plus on l'admire; elle se courbe par bonté vers ses inférieurs, et revient sans effort dans son naturel; elle s'abandonne quelquefois, se néglige, se relâche de ses avantages, toujours en pouvoir de les reprendre et de les faire valoir; elle rit, joue et badine, mais avec dignité; on l'approche tout ensemble avec liberté et avec retenue. Son caractère est noble et facile, inspire le respect et la confiance, et fait que les princes nous paraissent grands et très grands, sans nous faire sentir que nous sommes petits.

Le sage guérit de l'ambition par l'ambition même; il tend à de si grandes choses qu'il ne peut se borner à ce qu'on appelle des trésors, des postes, la fortune et la faveur: il ne voit rien dans de si faibles avantages qui soit assez bon et assez solide pour remplir son cœur et pour mériter ses soins et ses désirs; il a même besoin d'efforts pour ne les pas trop dédaigner. Le seul bien capable de le tenter est cette sorte de gloire qui devrait naître de la vertu toute pure et toute simple; mais les hommes ne l'accordent guère, et il s'en passe.

Celui-là est bon qui fait du bien aux autres; s'il souffre pour le bien qu'il fait, il est très bon; s'il souffre de ceux à qui il a fait ce bien, il a une si grande bonté qu'elle ne peut être augmentée que dans le cas où ses souffrances viendraient à croître; et, s'il en meurt, sa vertu ne saurait aller plus loin; elle est héroïque, elle est parfaite.

DE LA SOCIÉTÉ ET DE LA CONVERSATION

Un caractère bien fade est celui de n'en avoir aucun.

C'est le rôle d'un sot d'être importun: un homme habile sent s'il convient ou s'il ennuie; il sait disparaître le moment qui précède celui où il serait de trop quelque part.

L'on marche sur les mauvais plaisants, et il pleut par tout pays de cette sorte d'insectes. Un bon plaisant est une pièce rare; à un homme qui est né tel, il est encore fort délicat d'en soutenir longtemps le personnage: il n'est pas ordinaire que celui qui fait rire se fasse estimer.

Il y a beaucoup d'esprits obscènes, encore plus de médisants ou de satiriques, peu de délicats. Pour badiner avec grâce et rencontrer heureusement sur les plus petits sujets, il faut trop de manières, trop de politesse et même trop de fécondité : c'est créer que de railler ainsi, et faire quelque chose de rien.

Si l'on faisait une sérieuse attention à tout ce qui se dit de froid, de vain et de puéril dans les entretiens ordinaires, l'on aurait honte de parler ou d'écouter, et l'on se condamnerait peut-être à un silence perpétuel, qui serait une chose pire dans le commerce que les discours inutiles. Il faut donc s'accommoder à tous les esprits ; permettre comme un mal nécessaire le récit des fausses nouvelles, les vagues réflexions sur le gouvernement présent ou sur l'intérêt des princes, le débit des beaux sentiments, et qui reviennent toujours les mêmes : il faut laisser *Aronce* parler proverbe et *Mélinde* parler de soi, de ses vapeurs, de ses migraines et de ses insomnies.

L'on voit des gens qui, dans les conversations ou dans le peu de commerce que l'on a avec eux, vous dégoûtent par leurs ridicules expressions, par la nouveauté, et j'ose dire par l'impropriété des termes dont ils se servent, comme par l'alliance de certains mots qui ne se rencontrent ensemble que dans leur bouche, et à qui ils font signifier des choses que leurs premiers inventeurs n'ont jamais eu intention de leur faire dire. Ils ne suivent, en parlant, ni la raison ni l'usage, mais leur bizarre génie, que l'envie de toujours plaisanter, et peut-être de briller, tourne insensiblement à un jargon qui leur est propre, et qui devient enfin leur idiome naturel ; ils accompagnent un langage si extravagant d'un geste affecté et d'une prononciation qui est contrefaite. Tous sont contents d'eux-mêmes et de l'agrément de leur esprit, et l'on ne peut pas dire qu'ils en soient entièrement dénués ;

mais on les plaint de ce peu qu'ils en ont, et, ce qui est pire, on en souffre.

Que dites-vous? Comment? Je n'y suis pas: vous plairait-il de recommencer? J'y suis encore moins. Je devine enfin: vous voulez, *Acis*, me dire qu'il fait froid; que ne disiez-vous: Il fait froid? Vous voulez m'apprendre qu'il pleut ou qu'il neige; dites: Il pleut, il neige. Vous me trouvez bon visage et vous désirez m'en féliciter; dites: Je vous trouve bon visage.— Mais, répondez-vous, cela est bien uni et bien clair; et d'ailleurs, qui ne pourrait pas en dire autant?— Qu'importe, Acis? Est-ce un si grand mal d'être entendu quand on parle et de parler comme tout le monde? Une chose vous manque, Acis, à vous et à vos semblables, les diseurs de *phébus*; vous ne vous en défiez point, et je vais vous jeter dans l'étonnement: une chose vous manque, c'est l'esprit. Ce n'est pas tout: il y a en vous une chose de trop, qui est l'opinion d'en avoir plus que les autres; voilà la source de votre pompeux galimatias, de vos phrases embrouillées et de vos grands mots qui ne signifient rien. Vous abordez cet homme, ou vous entrez dans cette chambre; je vous tire par votre habit et vous dis à l'oreille: Ne songez point à avoir de l'esprit, n'en ayez point; c'est votre rôle; ayez, si vous pouvez, un langage simple et tel que l'ont ceux en qui vous ne trouvez aucun esprit; peut-être alors croira-t-on que vous en avez.

Qui peut se promettre d'éviter dans la société des hommes la rencontre de certains esprits vains, légers, familiers, délibérés, qui sont toujours dans une compagnie ceux qui parlent et qu'il faut que les autres écoutent? On les entend de l'antichambre; on entre impunément et sans crainte de les interrompre: ils

continuent leur récit sans la moindre attention pour
ceux qui entrent ou qui sortent, comme pour le rang
ou le mérite des personnes qui composent le cercle;
ils font taire celui qui commence à conter une nouvelle,
pour la dire de leur façon, qui est la meilleure; ils la
tiennent de *Zamet*, de *Ruccelay* ou de *Conchini*, qu'ils
ne connaissent point, à qui ils n'ont jamais parlé, et
qu'ils traiteraient de *Monseigneur* s'ils leur parlaient;
ils s'approchent quelquefois de l'oreille du plus qualifié
de l'assemblée, pour le gratifier d'une circonstance que
personne ne sait et dont ils ne veulent pas que les
autres soient instruits; ils suppriment quelques noms
pour déguiser l'histoire qu'ils racontent et pour détourner les applications: vous les priez, vous les
pressez inutilement; il y a des choses qu'ils ne diront
pas, il y a des gens qu'ils ne sauraient nommer, leur
parole y est engagée; c'est le dernier secret, c'est un
mystère; outre que vous leur demandez l'impossible,
car, sur ce que vous voulez apprendre d'eux, ils
ignorent le fait et les personnes.

   Arrias a tout lu, a tout vu, il veut le persuader ainsi;
c'est un homme universel, et il se donne pour tel; il
aime mieux mentir que de se taire ou de paraître
ignorer quelque chose. On parle à la table d'un grand
d'une cour du Nord: il prend la parole et l'ôte à ceux
qui allaient dire ce qu'ils en savent; il s'oriente dans
cette région lointaine comme s'il en était originaire;
il discourt des mœurs de cette cour, des femmes du
pays, de ses lois et de ses coutumes; il récite des
historiettes qui y sont arrivées; il les trouve plaisantes
et il en rit le premier jusqu'à éclater. Quelqu'un se
hasarde de le contredire et lui prouve nettement qu'il
dit des choses qui ne sont pas vraies. Arrias ne se

trouble point, prend feu au contraire contre l'interrup-
teur: "Je n'avance, lui dit-il, je ne raconte rien que
je ne sache d'original; je l'ai appris de *Sethon*, am-
bassadeur de France dans cette cour, revenu à Paris
depuis quelques jours, que je connais familièrement,
que j'ai fort interrogé, et qui ne m'a caché aucune
circonstance." Il reprenait le fil de sa narration avec
plus de confiance qu'il ne l'avait commencée, lorsque
l'un des conviés lui dit: "C'est Sethon à qui vous
parlez, lui-même, et qui arrive de son ambassade."

Il y a un parti à prendre, dans les entretiens, entre
une certaine paresse qu'on a de parler, ou quelquefois
un esprit abstrait, qui, nous jetant loin du sujet de
la conversation, nous fait faire ou de mauvaises de-
mandes ou de sottes réponses; et une attention importune qu'on a au moindre mot qui échappe, pour
le relever, badiner autour, y trouver un mystère que
les autres n'y voient pas, y chercher de la finesse et
de la subtilité, seulement pour avoir occasion d'y
placer la sienne.

Être infatué de soi et s'être fortement persuadé
qu'on a beaucoup d'esprit, est un accident qui n'arrive
guère qu'à celui qui n'en a point ou qui en a peu.
Malheur, pour lors, à qui est exposé à l'entretien d'un
tel personnage! combien de jolies phrases lui faudra-t-il
essuyer! combien de ces mots aventuriers qui paraissent subitement, durent un temps, et que bientôt on
ne revoit plus! S'il conte une nouvelle, c'est moins
pour l'apprendre à ceux qui l'écoutent que pour avoir
le mérite de la dire, et de la dire bien; elle devient
un roman entre ses mains: il fait penser les gens à sa
manière, leur met en la bouche ses petites façons de
parler, et les fait toujours parler longtemps; il tombe

ensuite en des parenthèses qui peuvent passer pour épisodes, mais qui font oublier le gros de l'histoire, et à lui qui vous parle, et à vous qui le supportez. Que serait-ce de vous et de lui, si quelqu'un ne survenait heureusement pour déranger le cercle et faire oublier la narration?

J'entends *Théodecte* de l'antichambre; il grossit sa voix à mesure qu'il s'approche. Le voilà entré: il rit, il crie, il éclate; on bouche ses oreilles, c'est un tonnerre. Il n'est pas moins redoutable par les choses qu'il dit que par le ton dont il parle. Il ne s'apaise et il ne revient de ce grand fracas que pour bredouiller des vanités et des sottises. Il a si peu d'égard au temps, aux personnes, aux bienséances, que chacun a son fait sans qu'il ait eu intention de le lui donner; il n'est pas encore assis qu'il a, à son insu, désobligé toute l'assemblée. A-t-on servi, il se met le premier à table, et dans la première place; les femmes sont à sa droite et à sa gauche. Il mange, il boit, il conte, il plaisante, il interrompt tout à la fois. Il n'a nul discernement des personnes, ni du maître, ni des conviés; il abuse de la folle déférence qu'on a pour lui. Est-ce lui, est-ce *Eutidème* qui donne le repas? Il rappelle à soi toute l'autorité de la table, et il y a un moindre inconvénient à la lui laisser entière qu'à la lui disputer. Le vin et les viandes n'ajoutent rien à son caractère. Si l'on joue, il gagne au jeu; il veut railler celui qui perd et il l'offense; les rieurs sont pour lui; il n'y a sorte de fatuités qu'on ne lui passe. Je cède enfin et je disparais, incapable de souffrir plus longtemps Théodecte et ceux qui le souffrent.

Troïle est utile à ceux qui ont trop de bien; il leur ôte l'embarras du superflu; il leur sauve la peine d'amasser de l'argent, de faire des contrats, de fermer des coffres, de porter des clefs sur soi et de craindre un vol domestique. Il les aide dans leurs plaisirs, et il devient capable ensuite de les servir dans leurs passions; bientôt il les règle et les maîtrise dans leur conduite. Il est l'oracle d'une maison, celui dont on attend, que dis-je? dont on prévient, dont on devine les décisions. Il dit de cet esclave: "Il faut le punir," et on le fouette; et de cet autre: "Il faut l'affranchir," et on l'affranchit. L'on voit qu'un parasite ne le fait pas rire; il peut lui déplaire: il est congédié. Le maître est heureux si Troïle lui laisse sa femme et ses enfants. Si celui-ci est à table, et qu'il prononce d'un mets qu'il est friand, le maître et les conviés, qui en mangeaient sans réflexion, le trouvent friand et ne s'en peuvent rassasier; s'il dit au contraire d'un autre mets qu'il est insipide, ceux qui commençaient à le goûter, n'osant avaler le morceau qu'ils ont à la bouche, ils le jettent à terre: tous ont les yeux sur lui, observent son maintien et son visage avant de prononcer sur le vin ou sur les viandes qui sont servies. Ne le cherchez pas ailleurs que dans la maison de ce riche qu'il gouverne: c'est là qu'il mange, qu'il dort et qu'il fait digestion, qu'il querelle son valet, qu'il reçoit ses ouvriers et qu'il remet ses créanciers. Il régente, il domine dans une salle; il y reçoit la cour et les hommages de ceux qui, plus fins que les autres, ne veulent aller au maître que par Troïle. Si l'on entre par malheur sans avoir une physionomie qui lui agrée, il ride son front et il détourne sa vue; si on l'aborde, il ne se lève pas; si l'on s'assied auprès de lui, il s'éloigne; si on lui parle, il ne répond point; si l'on continue de parler, il passe dans une autre chambre; si on le suit, il gagne l'esca-

lier ; il franchirait tous les étages, ou il se lancerait par
une fenêtre plutôt que de se laisser joindre par quelqu'un qui a un visage ou un son de voix qu'il dés-
approuve. L'un et l'autre sont agréables en Troïle, et
il s'en est servi heureusement pour s'insinuer ou pour
conquérir. Tout devient, avec le temps, au-dessous
de ses soins, comme il est au-dessus de vouloir se
soutenir ou continuer de plaire par le moindre des
talents qui ont commencé à le faire valoir. C'est
beaucoup qu'il sorte quelquefois de ses méditations
et de sa taciturnité pour contredire, et que même pour
critiquer il daigne une fois le jour avoir de l'esprit.
Bien loin d'attendre de lui qu'il défère à vos sentiments,
qu'il soit complaisant, qu'il vous loue, vous n'êtes pas
sûr qu'il aime toujours votre approbation, ou qu'il
souffre votre complaisance.

Il faut laisser parler cet inconnu que le hasard a
placé auprès de vous dans une voiture publique, à une
fête ou à un spectacle ; et il ne vous coûtera bientôt
pour le connaître que de l'avoir écouté : vous saurez
son nom, sa demeure, son pays, l'état de son bien, son
emploi, celui de son père, la famille dont est sa mère,
sa parenté, ses alliances, les armes de sa maison ; vous
comprendrez qu'il est noble, qu'il a un château, de
beaux meubles, des valets et un carrosse.

Il y a des gens qui parlent un moment avant que
d'avoir pensé. Il y en a d'autres qui ont une fade
attention à ce qu'ils disent, et avec qui l'on souffre
dans la conversation de tout le travail de leur esprit ;
ils sont comme pétris de phrases et de petits tours
d'expression, concertés dans leur geste et dans tout
leur maintien ; ils sont *puristes*, et ne hasardent pas
le moindre mot, quand il devrait faire le plus bel effet

du monde; rien d'heureux ne leur échappe, rien ne coule de source et avec liberté: ils parlent proprement et ennuyeusement.

L'esprit de la conversation consiste bien moins à en montrer beaucoup qu'à en faire trouver aux autres: celui qui sort de votre entretien content de soi et de son esprit l'est de vous parfaitement. Les hommes n'aiment point à vous admirer, ils veulent plaire; ils cherchent moins à être instruits, et même réjouis, qu'à être goûtés et applaudis; et le plaisir le plus délicat est de faire celui d'autrui.

Il ne faut pas qu'il y ait trop d'imagination dans nos conversations ni dans nos écrits; elle ne produit souvent que des idées vaines et puériles, qui ne servent point à perfectionner le goût et à nous rendre meilleurs: nos pensées doivent être prises dans le bon sens et la droite raison, et doivent être un effet de notre jugement.

C'est une grande misère que de n'avoir pas assez d'esprit pour bien parler, ni assez de jugement pour se taire. Voilà le principe de toute impertinence.

Dire d'une chose modestement ou qu'elle est bonne ou qu'elle est mauvaise, et les raisons pourquoi elle est telle, demande du bon sens et de l'expression; c'est une affaire. Il est plus court de prononcer, d'un ton décisif et qui emporte la preuve de ce qu'on avance, ou qu'elle est *exécrable*, ou qu'elle est *miraculeuse*.

Rien n'est moins selon Dieu et selon le monde que d'appuyer tout ce que l'on dit dans la conversation, jusques aux choses les plus indifférentes, par de longs et de fastidieux serments. Un honnête homme qui dit oui et non mérite d'être cru: son caractère jure pour lui, donne créance à ses paroles, et lui attire toute sorte de confiance.

Celui qui dit incessamment qu'il a de l'honneur et de la probité, qu'il ne nuit à personne, qu'il consent que le mal qu'il fait aux autres lui arrive, et qui jure pour le faire croire, ne sait pas même contrefaire l'homme de bien.

Un homme de bien ne saurait empêcher, par toute sa modestie, qu'on ne dise de lui ce qu'un malhonnête homme sait dire de soi.

Cléon parle peu obligeamment ou peu juste, c'est l'un ou l'autre; mais il ajoute qu'il est fait ainsi, et qu'il dit ce qu'il pense.

Il y a parler bien, parler aisément, parler juste, parler à propos. C'est pécher contre ce dernier genre que de s'étendre sur un repas magnifique que l'on vient de faire, devant des gens qui sont réduits à épargner leur pain; de dire merveilles de sa santé devant des infirmes; d'entretenir de ses richesses, de ses revenus et de ses ameublements, un homme qui n'a ni rentes ni domicile; en un mot, de parler de son bonheur devant des misérables: cette conversation est trop forte pour eux, et la comparaison qu'ils font alors de leur état au vôtre est odieuse.

"Pour vous, dit *Eutiphron*, vous êtes riche, ou vous devez l'être: dix mille livres de rente, et en fonds de terre, cela est beau, cela est doux, et l'on est heureux à moins," pendant que lui qui parle ainsi a cinquante mille livres de revenu, et qu'il croit n'avoir que la moitié de ce qu'il mérite. Il vous taxe, il vous apprécie, il fixe votre dépense, et s'il vous jugeait digne d'une meilleure fortune, et de celle même où il aspire, il ne manquerait pas de vous la souhaiter. Il n'est pas le seul qui fasse de si mauvaises estimations ou des comparaisons si désobligeantes; le monde est plein d'Eutiphrons.

Quelqu'un, suivant la pente de la coutume qui veut qu'on loue, et par l'habitude qu'il a à la flatterie et à l'exagération, congratule *Théodème* sur un discours qu'il n'a point entendu, et dont personne n'a pu encore lui rendre compte : il ne laisse pas de lui parler de son génie, de son geste, et surtout de la fidélité de sa mémoire ; et il est vrai que Théodème est demeuré court.

L'on voit des gens brusques, inquiets, *suffisants*, qui, bien qu'oisifs et sans aucune affaire qui les appelle ailleurs, vous expédient, pour ainsi dire, en peu de paroles, et ne songent qu'à se dégager de vous ; on leur parle encore, qu'ils sont partis et ont disparu. Ils ne sont pas moins impertinents que ceux qui vous arrêtent seulement pour vous ennuyer ; ils sont peut-être moins incommodes.

Parler et offenser, pour de certaines gens, est précisément la même chose. Ils sont piquants et amers ; leur style est mêlé de fiel et d'absinthe ; la raillerie, l'injure, l'insulte, leur découlent des lèvres comme leur salive. Il leur serait utile d'être nés muets ou stupides : ce qu'ils ont de vivacité et d'esprit leur nuit davantage que ne fait à quelques autres leur sottise. Ils ne se contentent pas toujours de répliquer avec aigreur, ils attaquent souvent avec insolence ; ils frappent sur tout ce qui se trouve sous leur langue, sur les présents, sur les absents ; ils heurtent de front et de côté, comme des béliers. Demande-t-on à des béliers qu'ils n'aient pas de cornes ? De même n'espère-t-on pas de réformer par cette peinture des naturels si durs, si farouches, si indociles. Ce que l'on peut faire de mieux, d'aussi loin qu'on les découvre, est de les fuir de toute sa force et sans regarder derrière soi.

Il y a des gens d'une certaine étoffe ou d'un certain caractère avec qui il ne faut jamais se commettre, de qui l'on ne doit se plaindre que le moins qu'il est possible, et contre qui il n'est pas même permis d'avoir raison.

Entre deux personnes qui ont eu ensemble une violente querelle, dont l'un a raison et l'autre ne l'a pas, ce que la plupart de ceux qui y ont assisté ne manquent jamais de faire, ou pour se dispenser de juger, ou par un tempérament qui m'a toujours paru hors de sa place, c'est de condamner tous les deux : leçon importante, motif pressant et indispensable de fuir à l'orient quand le fat est à l'occident, pour éviter de partager avec lui le même tort.

Je n'aime pas un homme que je ne puis aborder le premier, ni saluer avant qu'il me salue, sans m'avilir à ses yeux, et sans tremper dans la bonne opinion qu'il a de lui-même. MONTAGNE dirait : *Je veux avoir mes coudées franches, et être courtois et affable à mon point, sans remords ne conséquence. Je ne puis du tout estriver contre mon penchant, et aller au rebours de mon naturel, qui m'emmeine vers celuy que je trouve à ma rencontre. Quand il m'est égal, et qu'il ne m'est point ennemy, j'anticipe sur son accueil ; je le questionne sur sa disposition et santé ; je luy fais offre de mes offices, sans tant marchander sur le plus ou sur le moins, ne être, comme disent aucuns, sur le qui vive. Celuy-là me déplaist, qui, par la connoissance que j'ay de ses coûtumes et façons d'agir, me tire de cette liberté et franchise. Comment me ressouvenir tout à propos, et d'aussi loin que je vois cet homme, d'emprunter une contenance grave et importante, et qui l'avertisse que je crois le valoir bien et au delà ? pour cela de me ramentevoir de mes bonnes qualitez et conditions, et des siennes mauvaises, puis en faire la comparaison? C'est trop de travail pour moy, et ne suis du tout capable de si roide et si subite attention; et quand bien elle m'auroit succédé une première fois, je ne laisserois de fléchir et me démentir à une seconde tâche: je ne puis me forcer et contraindre pour quelconque à être fier.*

Avec de la vertu, de la capacité et une bonne conduite, l'on peut être insupportable. Les manières, que l'on néglige comme de petites choses, sont souvent ce qui fait que les hommes décident de vous en bien ou en mal: une légère attention à les avoir douces et polies prévient leurs mauvais jugements. Il ne faut presque rien pour être cru fier, incivil, méprisant, désobligeant; il faut encore moins pour être estimé tout le contraire.

La politesse n'inspire pas toujours la bonté, l'équité, la complaisance, la gratitude; elle en donne du moins les apparences, et fait paraître l'homme au dehors comme il devrait être intérieurement.

L'on peut définir l'esprit de politesse, l'on ne peut en fixer la pratique: elle suit l'usage et les coutumes reçues; elle est attachée aux temps, aux lieux, aux personnes, et n'est point la même dans les deux sexes ni dans les différentes conditions: l'esprit tout seul ne la fait pas deviner; il fait qu'on la suit par imitation, et que l'on s'y perfectionne. Il y a des tempéraments qui ne sont susceptibles que de la politesse, et il y en a d'autres qui ne servent qu'aux grands talents ou à une vertu solide. Il est vrai que les manières polies donnent cours au mérite et le rendent agréable, et qu'il faut avoir de bien éminentes qualités pour se soutenir sans la politesse.

Il me semble que l'esprit de politesse est une certaine attention à faire que, par nos paroles et par nos manières, les autres soient contents de nous et d'eux-mêmes.

C'est une faute contre la politesse que de louer immodérément, en présence de ceux que vous faites chanter ou toucher un instrument, quelque autre personne qui a ces mêmes talents; comme devant ceux qui vous lisent leurs vers, un autre poète.

Dans les repas ou les fêtes que l'on donne aux autres, dans les présents qu'on leur fait et dans tous les plaisirs qu'on leur procure, il y a faire bien, et faire selon leur goût; le dernier est préférable.

Il y aurait une espèce de férocité à rejeter indifféremment toute sorte de louanges; l'on doit être sensible à celles qui nous viennent des gens de bien, qui louent en nous sincèrement des choses louables.

Un homme d'esprit et qui est né fier ne perd rien de sa fierté et de sa roideur pour se trouver pauvre; si quelque chose au contraire doit amollir son humeur, le rendre plus doux et plus sociable, c'est un peu de prospérité.

Ne pouvoir supporter tous les mauvais caractères dont le monde est plein n'est pas un fort bon caractère: il faut, dans le commerce, des pièces d'or et de la monnaie.

Vivre avec des gens qui sont brouillés et dont il faut écouter de part et d'autre les plaintes réciproques, c'est, pour ainsi dire, ne pas sortir de l'audience, entendre du matin au soir plaider et parler procès.

L'on sait des gens qui avaient coulé leurs jours dans une union étroite: leurs biens étaient en commun; ils n'avaient qu'une même demeure; ils ne se perdaient pas de vue. Ils se sont aperçus à plus de quatre-vingts ans qu'ils devaient se quitter l'un l'autre et finir leur société ; ils n'avaient plus qu'un jour à vivre, et ils n'ont osé entreprendre de le passer ensemble ; ils se sont dépêchés de rompre avant que de mourir ; ils n'avaient de fonds pour la complaisance que jusque-là. Ils ont trop vécu pour le bon exemple ; un moment plus tôt, ils mouraient sociables et laissaient après eux un rare modèle de la persévérance dans l'amitié.

L'intérieur des familles est souvent troublé par les défiances, par les jalousies et par l'antipathie, pendant que des dehors contents, paisibles et enjoués nous trompent et nous y font supposer une paix qui n'y est point : il y en a peu qui gagnent à être approfondies. Cette visite que vous rendez vient de suspendre une querelle domestique qui n'attend que votre retraite pour recommencer.

Dans la société, c'est la raison qui plie la première. Les plus sages sont souvent menés par le plus fou et le plus bizarre : l'on étudie son faible, son humeur, ses caprices ; l'on s'y accommode ; l'on évite de le heurter ; tout le monde lui cède. La moindre sérénité qui paraît sur son visage lui attire des éloges ; on lui tient compte de n'être pas toujours insupportable. Il est craint, ménagé, obéi, quelquefois aimé.

Il n'y a que ceux qui ont eu de vieux collatéraux ou qui en ont encore, et dont il s'agit d'hériter, qui puissent dire ce qu'il en coûte.

Cléante est un très honnête homme ; il s'est choisi une femme qui est la meilleure personne du monde et la plus raisonnable : chacun, de sa part, fait tout le plaisir et tout l'agrément des sociétés où il se trouve ; l'on ne peut voir ailleurs plus de probité, plus de politesse. Ils se quittent demain, et l'acte de leur séparation est tout dressé chez le notaire. Il y a, sans mentir, de certains mérites qui ne sont point faits pour être ensemble, de certaines vertus incompatibles.

L'on peut compter sûrement sur la dot, le douaire et les conventions, mais faiblement sur les *nourritures*; elles dépendent d'une union fragile de la belle-mère et de la bru, et qui périt souvent dans l'année du mariage.

Un beau-père aime son gendre, aime sa bru. Une belle-mère aime son gendre, n'aime point sa bru. Tout est réciproque.

Ce qu'une marâtre aime le moins de tout ce qui est au monde, ce sont les enfants de son mari: plus elle est folle de son mari, plus elle est marâtre.

Les marâtres font déserter les villes et les bourgades, et ne peuplent pas moins la terre de mendiants, de vagabonds, de domestiques et d'esclaves que la pauvreté.

G** et H** sont voisins de campagne, et leurs terres sont contiguës; ils habitent une contrée déserte et solitaire. Éloignés des villes et de tout commerce, il semblait que la fuite d'une entière solitude, ou l'amour de la société eût dû les assujetir à une liaison réciproque; il est cependant difficile d'exprimer la bagatelle qui les a fait rompre, qui les rend implacables l'un pour l'autre, et qui perpétuera leurs haines dans leurs descendants. Jamais des parents, et même des frères, ne se sont brouillés pour une moindre chose.

Je suppose qu'il n'y ait que deux hommes sur la terre, qui la possèdent seuls et qui la partagent toute entre eux deux: je suis persuadé qu'il leur naîtra bientôt quelque sujet de rupture, quand ce ne serait que pour les limites.

Il est souvent plus court et plus utile de cadrer aux autres que de faire que les autres s'ajustent à nous.

J'approche d'une petite ville, et je suis déjà sur une hauteur d'où je la découvre. Elle est située à mi-côte; une rivière baigne ses murs et coule ensuite dans une belle prairie; elle a une forêt épaisse qui la couvre des vents froids et de l'aquilon. Je la vois dans un jour si favorable, que je compte ses tours et ses clochers; elle me paraît peinte sur le penchant de la colline. Je me récrie et je dis: Quel plaisir de vivre sous un si beau ciel et dans ce séjour si délicieux! Je descends dans la ville, où je n'ai pas couché deux nuits, que je ressemble à ceux qui l'habitent: j'en veux sortir.

Il y a une chose que l'on n'a point vue sous le ciel, et que, selon toutes les apparences, on ne verra jamais: c'est une petite ville qui n'est divisée en aucuns partis, où les familles sont unies et où les cousins se voient avec confiance; où un mariage n'engendre point une guerre civile; où la querelle des rangs ne se réveille pas à tous moments par l'offrande, l'encens et le pain bénit, par les processions et par les obsèques; d'où l'on a banni les *caquets*, le mensonge et la médisance; où l'on voit parler ensemble le bailli et le président, les élus et les assesseurs; où le doyen vit bien avec ses chanoines; où les chanoines ne dédaignent pas les chapelains et où ceux-ci souffrent les chantres.

Les provinciaux et les sots sont toujours prêts à se fâcher et à croire qu'on se moque d'eux, ou qu'on les méprise: il ne faut jamais hasarder la plaisanterie, même la plus douce et la plus permise, qu'avec des gens polis ou qui ont de l'esprit.

On ne prime point avec les grands, ils se défendent

par leur grandeur; ni avec les petits, ils vous repoussent par le *qui-vive*.

Tout ce qui est mérite se sent, se discerne, se devine réciproquement: si l'on voulait être estimé, il faudrait vivre avec des personnes estimables.

Celui qui est d'une éminence au-dessus des autres qui le met à couvert de la repartie, ne doit jamais faire une raillerie piquante.

Il y a de petits défauts que l'on abandonne volontiers à la censure, et dont nous ne haïssons pas à être raillés: ce sont de pareils défauts que nous devons choisir pour railler les autres.

Rire des gens d'esprit, c'est le privilège des sots: ils sont dans le monde ce que les fous sont à la cour, je veux dire sans conséquence.

La moquerie est souvent indigence d'esprit.

Vous le croyez votre dupe: s'il feint de l'être, qui est plus dupe de lui ou de vous?

Si vous observez avec soin qui sont les gens qui ne peuvent louer, qui blâment toujours, qui ne sont contents de personne, vous reconnaîtrez que ce sont ceux mêmes dont personne n'est content.

Le dédain et le rengorgement dans la société attire précisément le contraire de ce que l'on cherche, si c'est à se faire estimer.

Le plaisir de la société entre les amis se cultive par une ressemblance de goût sur ce qui regarde les mœurs, et par quelque différence d'opinions sur les sciences: par là, ou l'on s'affermit dans ses sentiments, ou l'on s'exerce et l'on s'instruit par la dispute.

L'on ne peut aller loin dans l'amitié, si l'on n'est pas disposé à se pardonner les uns aux autres les petits défauts.

Combien de belles et inutiles raisons à étaler à celui qui est dans une grande adversité, pour essayer de le rendre tranquille! Les choses de dehors, qu'on appelle les événements, sont quelquefois plus fortes que la raison et que la nature. "Mangez, dormez, ne vous laissez point mourir de chagrin, songez à vivre": harangues froides et qui réduisent à l'impossible. Êtes-vous raisonnable de vous tant inquiéter? N'est-ce pas dire: Êtes-vous fou d'être malheureux?

Le conseil, si nécessaire pour les affaires, est quelquefois, dans la société, nuisible à qui le donne, et inutile à celui à qui il est donné. Sur les mœurs, vous faites remarquer des défauts ou que l'on n'avoue pas, ou que l'on estime des vertus; sur les ouvrages, vous rayez les endroits qui paraissent admirables à leur auteur, où il se complaît davantage, où il croit s'être surpassé lui-même. Vous perdez ainsi la confiance de vos amis, sans les avoir rendus ni meilleurs ni plus habiles.

L'on a vu, il n'y a pas longtemps, un cercle de personnes des deux sexes, liées ensemble par la conversation et par un commerce d'esprit. Ils laissaient au vulgaire l'art de parler d'une manière intelligible; une chose dite entre eux peu clairement en entraînait une autre encore plus obscure, sur laquelle on enchérissait par de vraies énigmes, toujours suivies de longs applaudissements: par tout ce qu'ils appelaient délicatesse, sentiments, tour et finesse d'expression, ils étaient enfin parvenus à n'être plus entendus et à ne s'entendre pas eux-mêmes. Il ne fallait, pour fournir à ces entretiens, ni bon sens, ni jugement, ni mémoire, ni la moindre capacité; il fallait de l'esprit, non pas du meilleur, mais de celui qui est faux, et où l'imagination a trop de part.

Je le sais, *Théobalde*, vous êtes vieilli ; mais voudriez-vous que je crusse que vous êtes baissé, que vous n'êtes plus poète, ni bel esprit ; que vous êtes présentement aussi mauvais juge de tout genre d'ouvrage que méchant auteur ; que vous n'avez plus rien de naïf et de délicat dans la conversation ? Votre air libre et présomptueux me rassure et me persuade tout le contraire. Vous êtes donc aujourd'hui tout ce que vous fûtes jamais, et peut-être meilleur ; car, si à votre âge vous êtes si vif et si impétueux, quel nom, Théobalde, fallait-il vous donner dans votre jeunesse, et lorsque vous étiez la *coqueluche* ou l'entêtement de certaines femmes qui ne juraient que par vous et sur votre parole, qui disaient : *Cela est délicieux : qu'a-t-il dit ?*

L'on parle impétueusement dans les entretiens, souvent par vanité ou par humeur, rarement avec assez d'attention : tout occupé du désir de répondre à ce qu'on n'écoute point, l'on suit ses idées et on les explique sans le moindre égard pour les raisonnements d'autrui ; l'on est bien éloigné de trouver ensemble la vérité, l'on n'est pas encore convenu de celle que l'on cherche. Qui pourrait écouter ces sortes de conversations et les écrire, ferait voir quelquefois de bonnes choses qui n'ont nulle suite.

Il a régné pendant quelque temps une sorte de conversation fade et puérile, qui roulait toute sur des questions frivoles qui avaient relation au cœur et à ce qu'on appelle passion ou tendresse. La lecture de quelques romans les avait introduites parmi les plus honnêtes gens de la ville et de la cour ; ils s'en sont défaits, et la bourgeoisie les a reçues, avec les pointes et les équivoques.

Quelques femmes de la ville ont la délicatesse de

ne pas savoir ou de n'oser dire le nom des rues, des places et de quelques endroits publics qu'elles ne croient pas assez nobles pour être connus. Elles disent: *le Louvre, la place Royale*; mais elles usent de tours et de phrases plutôt que de prononcer de certains noms; et, s'ils leur échappent, c'est du moins avec quelque altération du mot, et après quelques façons qui les rassurent: en cela moins naturelles que les femmes de la cour, qui, ayant besoin, dans le discours, des *Halles*, du *Châtelet*, ou de choses semblables, disent: *les Halles, le Châtelet*.

Si l'on feint quelquefois de ne pas se souvenir de certains noms que l'on croit obscurs, et si l'on affecte de les corrompre en les prononçant, c'est par la bonne opinion qu'on a du sien.

L'on dit par belle humeur, et dans la liberté de la conversation, de ces choses froides, qu'à la vérité l'on donne pour telles, et que l'on ne trouve bonnes que parce qu'elles sont extrêmement mauvaises. Cette manière basse de plaisanter a passé du peuple, à qui elle appartient, jusque dans une grande partie de la jeunesse de la cour, qu'elle a déjà infectée. Il est vrai qu'il y entre trop de fadeur et de grossièreté pour devoir craindre qu'elle s'étende plus loin, et qu'elle fasse de plus grands progrès dans un pays qui est le centre du bon goût et de la politesse: l'on doit cependant en inspirer le dégoût à ceux qui la pratiquent; car, bien que ce ne soit jamais sérieusement, elle ne laisse pas de tenir la place, dans leur esprit et dans le commerce ordinaire, de quelque chose de meilleur.

Entre dire de mauvaises choses et en dire de bonnes que tout le monde sait, et les donner pour nouvelles, je n'ai pas à choisir.

"*Lucain a dit une jolie chose; Il y a un beau mot de Claudien; Il y a cet endroit de Sénèque*"; et là-dessus une longue suite de latin que l'on cite souvent devant des gens qui ne l'entendent pas, et qui feignent de l'entendre. Le secret serait d'avoir un grand sens et bien de l'esprit; car ou l'on se passerait des anciens, ou, après les avoir lus avec soin, l'on saurait encore choisir les meilleurs et les citer à propos.

Hermagoras ne sait pas qui est roi de Hongrie; il s'étonne de n'entendre faire aucune mention du roi de Bohême; ne lui parlez pas des guerres de Flandre et de Hollande, dispensez-le du moins de vous répondre: il confond les temps, il ignore quand elles ont commencé, quand elles ont fini; combats, sièges, tout lui est nouveau. Mais il est instruit de la guerre des Géants, il en raconte le progrès et les moindres détails, rien ne lui est échappé; il débrouille de même l'horrible chaos des deux empires, le Babylonien et l'Assyrien; il connaît à fond les Égyptiens et leurs dynasties. Il n'a jamais vu Versailles, il ne le verra point: il a presque vu la tour de Babel; il en compte les degrés; il sait combien d'architectes ont présidé à cet ouvrage; il sait le nom des architectes. Dirai-je qu'il croit Henri IV fils de Henri III? Il néglige du moins de rien connaître aux maisons de France, d'Autriche et de Bavière: Quelles minuties! dit-il, pendant qu'il récite de mémoire toute une liste des rois des Mèdes ou de Babylone, et que les noms d'*Apronal*, d'*Hérigebal*, de *Noesnemordach*, de *Mardokempad*, lui sont aussi familiers qu'à nous ceux de VALOIS et de BOURBON. Il demande si l'Empereur a jamais été marié; mais personne ne lui apprendra que Ninus a eu deux femmes. On lui dit que le roi

jouit d'une santé parfaite, et il se souvient que Thet-
mosis, un roi d'Égypte, était valétudinaire, et qu'il
tenait cette complexion de son aïeul Alipharmutosis.
Que ne sait-il point? Quelle chose lui est cachée de la
vénérable antiquité? Il vous dira que Sémiramis, ou,
selon quelques-uns, Sérimaris parlait comme son fils
Ninyas; qu'on ne les distinguait pas à la parole: si
c'était parce que la mère avait une voix mâle comme
son fils, ou le fils une voix efféminée comme sa mère,
qu'il n'ose pas le décider. Il vous révélera que Nem-
brot était gaucher et Sésostris ambidextre; que c'est
une erreur de s'imaginer qu'un Artaxerce ait été
appelé Longuemain parce que les bras lui tombaient
jusqu'aux genoux, et non à cause qu'il avait une main
plus longue que l'autre; et il ajoute qu'il y a des
auteurs graves qui affirment que c'était la droite, qu'il
croit néanmoins être bien fondé à soutenir que c'est
la gauche.

Ascagne est statuaire, Hégion fondeur, Æschine
foulon, et *Cydias* bel esprit; c'est sa profession. Il a
une enseigne, un atelier, des ouvrages de commande
et des compagnons qui travaillent sous lui; il ne vous
saurait rendre de plus d'un mois les stances qu'il vous
a promises, s'il ne manque de parole à *Dosithée*, qui
l'a engagé à faire une élégie; une idylle est sur le
métier, c'est pour *Crantor*, qui le presse et qui lui
laisse espérer un riche salaire. Prose, vers, que
voulez-vous? Il réussit également en l'un et en l'autre.
Demandez-lui des lettres de consolation, ou sur une
absence, il les entreprendra; prenez-les toutes faites
et entrez dans son magasin, il y a à choisir. Il a un
ami qui n'a point d'autre fonction sur la terre que
de le promettre longtemps à un certain monde, et

de le présenter enfin dans les maisons comme homme rare et d'une exquise conversation; et là, ainsi que le musicien chante et que le joueur de luth touche son luth devant les personnes à qui il a été promis, Cydias, après avoir toussé, relevé sa manchette, étendu la main et ouvert les doigts, débite gravement ses pensées quintessenciées et ses raisonnements sophistiqués. Différent de ceux qui, convenant de principes et connaissant la raison ou la vérité qui est une, s'arrachent la parole l'un à l'autre pour s'accorder sur leurs sentiments, il n'ouvre la bouche que pour contredire: "*Il me semble*, dit-il gracieusement, *que c'est tout le contraire de ce que vous dites*"; ou: "*Je ne saurais être de votre opinion*"; ou bien: "*Ç'a été autrefois mon entêtement comme il est le vôtre; mais... il y a trois choses*, ajoute-t-il, *à considérer...*," et il en ajoute une quatrième: fade discoureur, qui n'a pas mis plus tôt le pied dans une assemblée qu'il cherche quelques femmes auprès de qui il puisse s'insinuer, se parer de son bel esprit ou de sa philosophie, et mettre en œuvre ses rares conceptions: car, soit qu'il parle ou qu'il écrive, il ne doit pas être soupçonné d'avoir en vue ni le vrai ni le faux, ni le raisonnable ni le ridicule; il évite uniquement de donner dans le sens des autres et d'être de l'avis de quelqu'un: aussi attend-il dans un cercle que chacun se soit expliqué sur le sujet qui s'est offert, ou souvent qu'il a amené lui-même, pour dire dogmatiquement des choses toutes nouvelles, mais à son gré décisives et sans réplique. Cydias s'égale à Lucien et à Sénèque, se met au-dessus de Platon, de Virgile et de Théocrite; et son flatteur a soin de le confirmer tous les matins dans cette opinion   Uni de goût et d'intérêt avec les contempteurs d'Homère, il attend paisiblement que les hommes détrompés lui préfèrent les poètes modernes : il se met en ce cas à la tête de ces derniers, et il sait à qui il adjuge la seconde place. C'est, en un mot, un composé du pédant et du précieux, fait pour être admiré de la bourgeoisie et de la province, en qui néanmoins on n'aperçoit rien de grand que l'opinion qu'il a de lui-même.

C'est la profonde ignorance qui inspire le ton dogmatique. Celui qui ne sait rien croit enseigner aux autres ce qu'il vient d'apprendre lui-même ; celui qui sait beaucoup pense à peine que ce qu'il dit puisse être ignoré, et parle plus indifféremment.

Les plus grandes choses n'ont besoin que d'être dites simplement ; elles se gâtent par l'emphase. Il faut dire noblement les plus petites ; elles ne se soutiennent que par l'expression, le ton et la manière.

Il me semble que l'on dit les choses encore plus finement qu'on ne peut les écrire.

Il n'y a guère qu'une naissance honnête ou qu'une bonne éducation qui rende les hommes capables de secret.

Toute confiance est dangereuse si elle n'est entière ; il y a peu de conjonctures où il ne faille tout dire ou tout cacher. On a déjà trop dit de son secret à celui à qui l'on croit devoir en dérober une circonstance.

Des gens vous promettent le secret, et ils le révèlent eux-mêmes et à leur insu ; ils ne remuent pas les lèvres, et on les entend ; on lit sur leur front et dans leurs yeux ; on voit au travers de leur poitrine ; ils sont transparents. D'autres ne disent pas précisément une chose qui leur a été confiée, mais ils parlent et agissent de manière qu'on la découvre de soi-même. Enfin quel-

ques-uns méprisent votre secret, de quelque conséquence qu'il puisse être : "*C'est un mystère, un tel m'en
a fait part et m'a défendu de le dire*" ; et ils le disent.

Toute révélation d'un secret est la faute de celui
qui l'a confié.

Nicandre s'entretient avec *Élise* de la manière douce
et complaisante dont il a vécu avec sa femme, depuis
le jour qu'il en fit le choix jusques à sa mort ; il a
déjà dit qu'il regrette qu'elle ne lui ait pas laissé des
enfants, et il le répète ; il parle des maisons qu'il a à
la ville, et bientôt d'une terre qu'il a à la campagne ;
il calcule le revenu qu'elle lui rapporte ; il fait le plan
des bâtiments, en décrit la situation, exagère la com-
modité des appartements, ainsi que la richesse et la
propreté des meubles ; il assure qu'il aime la bonne
chère, les équipages ; il se plaint que sa femme n'aimait
point assez le jeu et la société. "Vous êtes si riche,
lui disait l'un de ses amis, que n'achetez-vous cette
charge ? pourquoi ne pas faire cette acquisition qui
étendrait votre domaine ? On me croit, ajoute-t-il,
plus de bien que je n'en possède." Il n'oublie pas
son extraction et ses alliances : "*Monsieur le Surin-
tendant qui est mon cousin ; madame la Chancelière, qui
est ma parente*"; voilà son style. Il raconte un fait
qui prouve le mécontentement qu'il doit avoir de ses
plus proches et de ceux même qui sont ses héritiers.
"Ai-je tort ? dit-il à Élise ; ai-je grand sujet de leur
vouloir du bien ?" et il l'en fait juge. Il insinue ensuite
qu'il a une santé faible et languissante, et il parle de
la cave où il doit être enterré. Il est insinuant, flatteur,
officieux à l'égard de tous ceux qu'il trouve auprès de
la personne à qui il aspire. Mais Élise n'a pas le
courage d'être riche en l'épousant. On annonce, au

moment qu'il parle, un cavalier qui, de sa seule présence, démonte la batterie de l'homme de ville; il se lève déconcerté et chagrin, et va dire ailleurs qu'il veut se remarier.

Le sage quelquefois évite le monde, de peur d'être ennuyé.

DES BIENS DE FORTUNE

Un homme fort riche peut manger des entremets, faire peindre ses lambris et ses alcôves, jouir d'un palais à la campagne et d'un autre à la ville, avoir un grand équipage, mettre un duc dans sa famille et faire de son fils un grand seigneur: cela est juste et de son ressort; mais il appartient peut-être à d'autres de vivre contents.

Une grande naissance ou une grande fortune annonce le mérite et le fait plus tôt remarquer.

Ce qui disculpe le fat ambitieux de son ambition est le soin que l'on prend, s'il a fait une grande fortune, de lui trouver un mérite qu'il n'a jamais eu, et aussi grand qu'il croit l'avoir.

A mesure que la faveur et les grands biens se retirent d'un homme, ils laissent voir en lui le ridicule qu'ils couvraient, et qui y était sans que personne s'en aperçut.

Si l'on ne le voyait de ses yeux, pourrait-on jamais s'imaginer l'étrange disproportion que le plus ou le moins de pièces de monnaie met entre les hommes?

Ce plus ou ce moins détermine à l'épée, à la robe ou à l'Église; il n'y a presque point d'autre vocation.

Deux marchands étaient voisins et faisaient le même

commerce, qui ont eu dans la suite une fortune toute différente. Ils avaient chacun une fille unique ; elles ont été nourries ensemble et ont vécu dans cette familiarité que donnent un même âge et une même condition : l'une des deux, pour se tirer d'une extrême misère, cherche à se placer ; elle entre au service d'une fort grande dame et l'une des premières de la cour, chez sa campagne.

Si le financier manque son coup, les courtisans disent de lui : "C'est un bourgeois, un homme de rien, un malotru" ; s'il réussit, ils lui demandent sa fille.

Quelques-uns ont fait dans leur jeunesse l'apprentissage d'un certain métier, pour en exercer un autre, et fort différent le reste de leur vie.

Un homme est laid, de petite taille, et a peu d'esprit ; l'on me dit à l'oreille : "Il a cinquante mille livres de rente." Cela le concerne tout seul, et il ne m'en fera jamais ni pis ni mieux. Si je commence à le regarder avec d'autres yeux, et si je ne suis pas maître de faire autrement, quelle sottise !

Un projet assez vain serait de vouloir tourner un homme fort sot et fort riche en ridicule ; les rieurs sont de son côté.

N**, avec un portier rustre, farouche, tirant sur le Suisse, avec un vestibule et une antichambre, pour peu qu'il y fasse languir quelqu'un et se morfondre, qu'il paraisse enfin avec une mine grave et une démarche mesurée, qu'il écoute un peu et ne reconduise point, quelque subalterne qu'il soit d'ailleurs, il fera sentir de lui-même quelque chose qui approche de la considération.

Je vais, *Clitiphon*, à votre porte ; le besoin que j'ai de vous me chasse de mon lit et de ma chambre : plût

aux dieux que je ne fusse ni votre client ni votre
fâcheux! Vos esclaves me disent que vous êtes en-
fermé et que vous ne pouvez m'écouter que d'une
heure entière. Je reviens avant le temps qu'ils m'ont
marqué, et ils me disent que vous êtes sorti. Que
faites-vous, Clitiphon, dans cet endroit le plus reculé
de votre appartement, de si laborieux qui vous empêche de m'entendre? Vous enfilez quelques mémoires, vous collationnez un registre, vous signez,
vous paraphez. Je n'avais qu'une chose à vous
demander, et vous n'aviez qu'un mot à me répondre,
oui ou non. Voulez-vous être rare? Rendez service
à ceux qui dépendent de vous: vous le serez davantage
par cette conduite que par ne vous pas laisser voir.
O homme important et chargé d'affaires, qui, à votre
tour, avez besoin de mes offices, venez dans la solitude
de mon cabinet: le philosophe est accessible; je ne
vous remettrai point à un autre jour. Vous me
trouverez sur les livres de Platon qui traitent de la
spiritualité de l'âme et de sa distinction d'avec le corps,
ou la plume à la main pour calculer les distances de
Saturne et de Jupiter: j'admire Dieu dans ses ouvrages,
et je cherche, par la connaissance de la vérité, à régler
mon esprit et devenir meilleur. Entrez, toutes les portes
vous sont ouvertes; mon antichambre n'est pas faite
pour s'y ennuyer en m'attendant; passez jusqu'à moi
sans me faire avertir. Vous m'apportez quelque chose
de plus précieux que l'argent et l'or, si c'est une
occasion de vous obliger. Parlez, que voulez-vous que
je fasse pour vous? Faut-il quitter mes livres, mes
études, mon ouvrage, cette ligne qui est commencée?
Quelle interruption heureuse pour moi que celle qui
vous est utile! Le manieur d'argent, l'homme d'affaires

est un ours qu'on ne saurait apprivoiser; on ne le voit dans sa loge qu'avec peine: que dis-je? on ne le voit point; car d'abord on ne le voit pas encore, et bientôt on ne le voit plus. L'homme de lettres, au contraire, est trivial comme une borne au coin des places: il est vu de tous, et à toute heure, et en tous états, à table, au lit, nu, habillé, sain ou malade; il ne peut être important, et il ne le veut point être.

N'envions point à une sorte de gens leurs grandes richesses; ils les ont à titre onéreux et qui ne nous accommoderait point; ils ont mis leur repos, leur santé, leur honneur et leur conscience pour les avoir; cela est trop cher, et il n'y a rien à gagner à un tel marché.

Les P. T. S. nous font sentir toutes les passions l'une après l'autre: l'on commence par le mépris, à cause de leur obscurité; on les envie ensuite, on les hait, on les estime quelquefois, et on les respecte; l'on vit assez pour finir à leur égard par la compassion.

Sosie, de la livrée, a passé, par une petite recette, à une sous-ferme; et, par les concussions, la violence et l'abus qu'il a fait de ses *pouvoirs*, il s'est enfin, sur les ruines de plusieurs familles, élevé à quelque grade. Devenu noble par une charge, il ne lui manquait que d'être homme de bien: une place de marguillier a fait ce prodige.

Arfure cheminait seule et à pied vers le grand portique de Saint**, entendait de loin le sermon d'un carme ou d'un docteur qu'elle ne voyait qu'obliquement, et dont elle perdait bien des paroles. Sa vertu était obscure, et sa dévotion connue comme sa personne. Son mari est entré dans le *huitième denier*; quelle monstrueuse fortune en moins de six années! Elle n'arrive à l'église que dans un char; on lui porte une lourde queue; l'orateur s'interrompt pendant qu'elle se place; elle le voit de front, n'en perd pas une seule parole ni le moindre geste; il y a une brigue entre les prêtres pour la confesser; tous veulent l'absoudre, et le curé l'emporte.

L'on porte *Crésus* au cimetière: de toutes ses immenses richesses, que le vol et la concussion lui avaient acquises, et qu'il a épuisées par le luxe et par la bonne chère, il ne lui est pas demeuré de quoi se faire enterrer; il est mort insolvable, sans biens, et ainsi privé de tous les secours. L'on n'a vu chez lui ni julep, ni cordiaux, ni médecins, ni le moindre docteur qui l'ait assuré de son salut.

Champagne, au sortir d'un long dîner qui lui enfle l'estomac, et dans les douces fumées d'un vin d'Avenay ou de Sillery, signe un ordre qu'on lui présente, qui ôterait le pain à toute une province, si l'on n'y remédiait. Il est excusable: quel moyen de comprendre, dans la première heure de la digestion, qu'on puisse quelque part mourir de faim?

Sylvain, de ses deniers, a acquis de la naissance et un autre nom; il est seigneur de la paroisse où ses aïeuls payaient la taille: il n'aurait pu autrefois entrer page chez *Cléobule*, et il est son gendre.

Dorus passe en litière par la voie *Appienne*, précédé de ses affranchis et ses esclaves, qui détournent le peuple et font faire place; il ne lui manque que des licteurs; il entre à *Rome* avec ce cortège, où il semble triompher de la bassesse et de la pauvreté de son père *Sanga*.

On ne peut mieux user de sa fortune que fait *Périandre*, elle lui donne du rang, du crédit, de l'autorité; déjà on ne le prie plus d'accorder son amitié, on implore sa protection. Il a commencé par dire de soi-même: *un homme de ma sorte*; il passe à dire: *un homme de ma qualité*. Il se donne pour tel; et il n'y a personne de ceux à qui il prête de l'argent, ou qu'il reçoit à sa table, qui est délicate, qui veuille s'y opposer. Sa demeure est superbe; un dorique règne dans tous ses dehors; ce n'est pas une porte, c'est un portique. Est-ce la maison d'un particulier, est-ce un temple? le peuple s'y trompe. Il est le seigneur dominant de tout le quartier. C'est lui que l'on envie, et dont on voudrait voir la chute; c'est lui dont la femme, par son collier de perles, s'est fait des ennemies de toutes les dames du voisinage. Tout se soutient dans cet homme; rien encore ne se dément dans cette grandeur qu'il a acquise, dont il ne doit rien, qu'il a payée. Que son père, si vieux et si caduc, n'est-il mort il y a vingt ans et avant qu'il se fît dans le monde aucune mention de Périandre! Comment pourra-t-il soutenir ces odieuses pancartes qui déchiffrent les conditions et qui souvent font rougir la veuve et les héritiers? Les supprimera-t-il aux yeux de toute une ville jalouse, maligne, clairvoyante, et aux dépens de mille gens qui veulent absolument aller tenir leur rang à des obsèques? Veut-on d'ailleurs qu'il fasse de son père un *Noble homme*, et peut-être un *Honorable homme*, lui qui est *Messire*?

Combien d'hommes ressemblent à ces arbres déjà forts et avancés que l'on transplante dans les jardins, où ils surprennent les yeux de ceux qui les voient placés dans de beaux endroits où ils ne les ont point vus croître, et qui ne connaissent ni leurs commencements ni leurs progrès!

Si certains morts revenaient au monde, et s'ils voyaient leurs grands noms portés, et leurs terres les mieux titrées, avec leurs châteaux et leurs maisons antiques, possédées par des gens dont les pères étaient peut-être leurs métayers, quelle opinion pourraient-ils avoir de notre siècle?

Rien ne fait mieux comprendre le peu de chose que Dieu croit donner aux hommes en leur abandonnant les richesses, l'argent, les grands établissements et les autres biens, que la dispensation qu'il en fait, et le genre d'hommes qui en sont le mieux pourvus.

Si vous entrez dans les cuisines, où l'on voit réduit en art et en méthode le secret de flatter votre goût et de vous faire manger au delà du nécessaire; si vous examinez en détail tous les apprêts des viandes qui doivent composer le festin que l'on vous prépare; si vous regardez par quelles mains elles passent, et toutes les formes différentes qu'elles prennent avant de devenir un mets exquis, et d'arriver à cette propreté et à cette élégance qui charment vos yeux, vous font hésiter sur le choix et prendre le parti d'essayer de tout; si vous voyez tout le repas ailleurs que sur une table bien servie, quelles saletés! quel dégoût! Si vous allez derrière un théâtre, et si vous nombrez les poids, les roues, les cordages, qui font les vols et les machines; si vous considérez combien de gens entrent dans l'exécution de ces mouvements, quelle force de bras, et quelle extension de nerfs ils y emploient, vous direz: Sont-ce là les principes et les ressorts de ce spectacle si beau, si naturel, qui paraît animé et agir de soi-même? Vous vous récrierez: Quels efforts! quelle violence! De même, n'approfondissez pas la fortune des partisans.

Ce garçon si frais, si fleuri, et d'une si belle santé, est seigneur d'une abbaye et de dix autres bénéfices: tous ensemble lui rapportent six vingt mille livres de revenu, dont il n'est payé qu'en médailles d'or. Il y a ailleurs six vingts familles indigentes qui ne se chauffent point pendant l'hiver, qui n'ont point d'habits pour se couvrir, et qui souvent manquent de pain; leur pauvreté est extrême et honteuse. Quel partage! Et cela ne prouve-t-il pas clairement un avenir?

Chrysippe, homme nouveau, et le premier noble de sa race, aspirait, il y a trente années, à se voir un jour deux mille livres de rente pour tout bien: c'était là le comble de ses souhaits et sa plus haute ambition; il l'a dit ainsi, et on s'en souvient. Il arrive, je ne sais par quels chemins, jusques à donner en revenu à l'une de ses filles, pour sa dot, ce qu'il désirait lui-même d'avoir en fonds pour toute fortune pendant sa vie. Une pareille somme est comptée dans ses coffres pour chacun de ses autres enfants qu'il doit pourvoir, et il a un grand nombre d'enfants: ce n'est qu'en avancement d'hoirie; il y a d'autres biens à espérer après sa mort. Il vit encore, quoique assez avancé en âge, et il use le reste de ses jours à travailler pour s'enrichir.

Laissez faire *Ergaste*, et il exigera un droit de tous ceux qui boivent de l'eau de la rivière, ou qui marchent sur la terre ferme; il sait convertir en or jusques aux roseaux, aux joncs et à l'ortie. Il écoute tous les avis, et propose tous ceux qu'il a écoutés. Le prince ne donne aux autres qu'aux dépens d'Ergaste, et ne leur fait de grâces que celles qui lui étaient dues. C'est une faim insatiable d'avoir et de posséder; il trafiquerait des arts et des sciences, et mettrait en parti jusques à l'harmonie. Il faudrait, s'il en était cru, que le peuple, pour avoir le plaisir de le voir riche, de lui voir une meute et une écurie, pût perdre le souvenir de la musique d'*Orphée*, et se contenter de la sienne.

Ne traitez pas avec *Criton*, il n'est touché que de ses seuls avantages. Le piège est tout dressé à ceux à qui sa charge, sa terre, ou ce qu'il possède, feront envie : il vous imposera des conditions extravagantes. Il n'y a nul ménagement et nulle composition à attendre d'un homme si plein de ses intérêts et si ennemi des vôtres : il lui faut une dupe.

Brontin, dit le peuple, fait des retraites, et s'enferme huit jours avec des saints : ils ont leurs méditations, et il a les siennes.

Le peuple souvent a le plaisir de la tragédie ; il voit périr sur le théâtre du monde les personnages les plus odieux, qui ont fait le plus de mal dans diverses scènes, et qu'il a le plus haïs.

Si l'on partage la vie des P. T. S. en deux portions égales, la première, vive et agissante, est tout occupée à vouloir affliger le peuple, et la seconde, voisine de la mort, à se déceler et à se ruiner les uns les autres.

Cet homme qui a fait la fortune de plusieurs, qui a fait la vôtre, n'a pu soutenir la sienne, ni assurer avant sa mort celle de sa femme et de ses enfants : ils vivent cachés et malheureux. Quelque bien instruit que vous soyez de la misère de leur condition, vous ne pensez pas à l'adoucir ; vous ne le pouvez pas en effet, vous tenez table, vous bâtissez ; mais vous conservez par reconnaissance le portrait de votre bienfacteur qui a passé, à la vérité, du cabinet à l'antichambre. Quels égards ! il pouvait aller au garde-meuble.

Il y a une dureté de complexion; il y en a une autre
de condition et d'état. L'on tire de celle-ci, comme de
la première, de quoi s'endurcir sur la misère des
autres, dirai-je même de quoi ne pas plaindre les
malheurs de sa famille? Un bon financier ne pleure
ni ses amis, ni sa femme, ni ses enfants.

Fuyez, retirez-vous; vous n'êtes pas assez loin.—Je
suis, dites-vous, sous l'autre tropique.—Passez sous
le pôle et dans l'autre hémisphère; montez aux étoiles,
si vous le pouvez.—M'y voilà.—Fort bien, vous êtes
en sûreté. Je découvre sur la terre un homme avide,
insatiable, inexorable, qui veut, aux dépens de tout
ce qui se trouvera sur son chemin et à sa rencontre,
et quoi qu'il en puisse coûter aux autres, pourvoir à
lui seul, grossir sa fortune, et regorger de bien.

Faire fortune est une si belle phrase, et qui dit une
si bonne chose, qu'elle est d'un usage universel: on
la reconnaît dans toutes les langues; elle plaît aux
étrangers et aux barbares; elle règne à la cour et à la
ville; elle a percé les cloîtres et franchi les murs des
abbayes de l'un et de l'autre sexe: il n'y a point de
lieux sacrés où elle n'ait pénétré, point de désert ni de
solitude où elle soit inconnue.

A force de faire de nouveaux contrats, ou de sentir
son argent grossir dans ses coffres, on se croit enfin
une bonne tête, et presque capable de gouverner.

Il faut une sorte d'esprit pour faire fortune, et
surtout une grande fortune: ce n'est ni le bon, ni le
bel esprit, ni le grand, ni le sublime, ni le fort, ni le
délicat; je ne sais précisément lequel c'est, et j'attends
que quelqu'un veuille m'en instruire.

Il faut moins d'esprit que d'habitude ou d'expérience pour faire sa fortune; l'on y songe plus tard, et

quand enfin l'on s'en avise, l'on commence par des fautes que l'on n'a pas toujours le loisir de réparer : de là vient peut-être que les fortunes sont si rares.

Un homme d'un petit génie peut vouloir s'avancer : il néglige tout, il ne pense du matin au soir, il ne rêve la nuit, qu'à une seule chose, qui est de s'avancer. Il a commencé de bonne heure, et dès son adolescence, à se mettre dans les voies de la fortune : s'il trouve une barrière de front qui ferme son passage, il biaise naturellement, et va à droit ou à gauche, selon qu'il y voit de jour et d'apparence ; et si de nouveaux obstacles l'arrêtent, il rentre dans le sentier qu'il avait quitté. Il est déterminé, par la nature des difficultés, tantôt à les surmonter, tantôt à les éviter, ou à prendre d'autres mesures ; son intérêt, l'usage, les conjonctures le dirigent. Faut-il de si grands talents et une si bonne tête à un voyageur pour suivre d'abord le grand chemin et, s'il est plein et embarrassé, prendre la terre et aller à travers champs, puis regagner sa première route, la continuer, arriver à son terme ? Faut-il tant d'esprit pour aller à ses fins ? Est-ce donc un prodige qu'un sot riche et accrédité ?

Il y a même des stupides, et j'ose dire des imbéciles, qui se placent en de beaux postes et qui savent mourir dans l'opulence, sans qu'on les doive soupçonner en nulle manière d'y avoir contribué de leur travail ou de la moindre industrie ; quelqu'un les a conduits à la source d'un fleuve, ou bien le hasard seul les y a fait rencontrer ; on leur a dit : "Voulez-vous de l'eau ? puisez" ; et ils ont puisé.

Quand on est jeune, souvent on est pauvre : ou l'on n'a pas encore fait d'acquisitions, ou les successions ne sont pas échues. L'on devient riche et vieux en même temps, tant il est rare que les hommes puissent réunir tous leurs avantages! et si cela arrive à quelques-uns, il n'y a pas de quoi leur porter envie : ils ont assez à perdre par la mort pour mériter d'être plaints.

Il faut avoir trente ans pour songer à sa fortune ; elle n'est pas faite à cinquante : l'on bâtit dans sa vieillesse, et l'on meurt quand on en est aux peintres et aux vitriers.

Quel est le fruit d'une grande fortune, si ce n'est de jouir de la vanité, de l'industrie, du travail et de la dépense de ceux qui sont venus avant nous, et de travailler nous-mêmes, de planter, de bâtir, d'acquérir pour la postérité?

L'on ouvre et l'on étale tous les matins, pour tromper son monde, et l'on ferme le soir, après avoir trompé tout de jour.

Le marchand fait des montres pour donner de sa marchandise ce qu'il y a de pire ; il a le cati et les faux jours afin d'en cacher les défauts et qu'elle paraisse bonne ; il la surfait pour la vendre plus cher qu'elle ne vaut ; il a des marques fausses et mystérieuses afin qu'on croie n'en donner que son prix, un mauvais aunage pour en livrer le moins qu'il se peut, et il a un trébuchet, afin que celui à qui il l'a livrée la lui paie en or qui soit de poids.

Dans toutes les conditions, le pauvre est bien proche de l'homme de bien, et l'opulent n'est guère éloigné de la friponnerie. Le savoir-faire et l'habilité ne mènent pas jusques aux énormes richesses.

L'on peut s'enrichir dans quelque art, ou dans quelque commerce que ce soit, par l'ostentation d'une certaine probité.

De tous les moyens de faire sa fortune, le plus court

et le meilleur est de mettre les gens à voir clairement leurs intérêts à vous faire du bien.

Les hommes pressés par les besoins de la vie, et quelquefois par le désir du gain ou de la gloire, cultivent des talents profanes, ou s'engagent dans des professions équivoques, et dont ils se cachent longtemps à eux-mêmes le péril et les conséquences; ils les quittent ensuite par une dévotion discrète, qui ne leur vient jamais qu'après qu'ils ont fait leur récolte et qu'ils jouissent d'une fortune bien établie.

Il y a des misères sur la terre qui saisissent le cœur. Il manque à quelques-uns jusqu'aux aliments; ils redoutent l'hiver, ils appréhendent de vivre. L'on mange ailleurs des fruits précoces; l'on force la terre et les saisons pour fournir à sa délicatesse: de simples bourgeois, seulement à cause qu'ils étaient riches, ont eu l'audace d'avaler en un seul morceau la nourriture de cent familles. Tienne qui voudra contre de si grandes extrémités; je ne veux être, si je le puis, ni malheureux, ni heureux; je me jette et me réfugie dans la médiocrité.

On sait que les pauvres sont chagrins de ce que tout leur manque et que personne ne les soulage; mais s'il est vrai que les riches soient colères, c'est de ce que la moindre chose puisse leur manquer, ou que quelqu'un veuille leur résister.

Celui-là est riche qui reçoit plus qu'il ne consume; celui-là est pauvre dont la dépense excède la recette.

Tel, avec deux millions de rente, peut être pauvre chaque année de cinq cent mille livres.

Il n'y a rien qui se soutienne plus longtemps qu'une médiocre fortune; il n'y a rien dont on voie mieux la fin que d'une grande fortune.

L'occasion prochaine de la pauvreté, c'est de grandes richesses.

S'il est vrai que l'on soit riche de tout ce dont on n'a pas besoin, un homme fort riche, c'est un homme qui est sage.

S'il est vrai que l'on soit pauvre par toutes les choses que l'on désire, l'ambitieux et l'avare languissent dans une extrême pauvreté.

Les passions tyrannisent l'homme, et l'ambition suspend en lui les autres passions et lui donne pour un temps les apparences de toutes les vertus. Ce *Triphon* qui a tous les vices, je l'ai cru sobre, chaste, libéral, humble et même dévot; je le croirais encore, s'il n'eût enfin fait sa fortune.

L'on ne se rend point sur le désir de posséder et de s'agrandir: la bile gagne et la mort approche, qu'avec un visage flétri et des jambes déjà faibles l'on dit: *Ma fortune, mon établissement.*

Il n'y a au monde que deux manières de s'élever, ou par sa propre industrie, ou par l'imbécillité des autres.

Les traits découvrent la complexion et les mœurs; mais la mine désigne les biens de fortune: le plus ou le moins de mille livres de rente se trouve écrit sur les visages.

Chrysante, homme opulent et impertinent, ne veut pas être vu avec *Eugène*, qui est homme de mérite, mais pauvre; il croirait en être déshonoré. Eugène est pour Chrysante dans les mêmes dispositions: ils ne courent pas risque de se heurter.

Quand je vois de certaines gens, qui me prévenaient autrefois par leurs civilités, attendre au contraire que je les salue, et en être avec moi sur le plus ou sur le moins, je dis en moi-même: Fort bien, j'en suis ravi, tant mieux pour eux; vous verrez que cet homme-ci est mieux logé, mieux meublé et mieux nourri qu'à l'ordinaire; qu'il sera entré depuis quelques mois dans quelque affaire, où il aura déjà fait un gain raisonnable. Dieu veuille qu'il en vienne dans peu de temps jusqu'à me mépriser!

Si les pensées, les livres et leurs auteurs dépendaient des riches et de ceux qui ont fait une belle fortune, quelle proscription! Il n'y aurait plus de rappel. Quel ton, quel ascendant ne prennent-ils pas sur les savants! Quelle majesté n'observent-ils pas à l'égard de ces hommes *chétifs* que leur mérite n'a ni placés ni enrichis, et qui en sont encore à penser et à écrire judicieusement! Il faut l'avouer, le présent est pour les riches, et l'avenir pour les vertueux et les habiles. HOMÈRE est encore et sera toujours; les receveurs de droits, les publicains ne sont plus; ont-ils été? leur patrie, leurs noms sont-ils connus? y a-t-il eu dans la Grèce des partisans? Que sont devenus ces importants personnages qui méprisaient Homère, qui ne songeaient dans la place qu'à l'éviter, qui ne lui rendaient pas le salut, ou qui le saluaient par son nom, qui ne daignaient pas l'associer à leur table, qui le regardaient comme un homme qui n'était pas riche et qui faisait un livre? Que deviendront les *Fauconnets*? iront-ils aussi loin dans la postérité que DESCARTES, *né Français et mort en Suède.*

Du même fond d'orgueil dont l'on s'élève fièrement au-dessus de ses inférieurs, l'on rampe vilement devant ceux qui sont au-dessus de soi. C'est le propre de ce vice, qui n'est fondé ni sur le mérite personnel, ni sur la vertu, mais sur les richesses, les postes, le crédit, et sur de vaines sciences, de nous porter également à mépriser ceux qui ont moins que nous de cette espèce de biens, et à estimer trop ceux qui en ont une mesure qui excède la nôtre.

Il y a des âmes sales, pétries de boue et d'ordure, éprises du gain et de l'intérêt, comme les belles âmes le sont de la gloire et de la vertu ; capables d'une seule volupté, qui est celle d'acquérir ou de ne point perdre, curieuses et avides du denier dix, uniquement occupées de leurs débiteurs, toujours inquiètes sur le rabais ou sur le décri des monnaies, enfoncées et comme abîmées dans les contrats, les titres et les parchemins. De telles gens ne sont ni parents, ni amis, ni citoyens, ni chrétiens, ni peut-être des hommes : ils ont de l'argent.

Commençons par excepter ces âmes nobles et courageuses, s'il en reste encore sur la terre, secourables, ingénieuses à faire du bien, que nuls besoins, nulle disproportion, nuls artifices, ne peuvent séparer de ceux qu'ils se sont une fois choisis pour amis ; et, après cette précaution, disons hardiment une chose triste et douloureuse à imaginer : il n'y a personne au monde si bien liée avec nous de société et de bienveillance, qui nous aime, qui nous goûte, qui nous fait mille offres de services et qui nous sert quelquefois, qui n'ait en soi, par l'attachement à son intérêt, des dispositions très proches à rompre avec nous et à devenir notre ennemi.

Pendant qu'*Oronte* augmente, avec ses années, son fonds et ses revenus, une fille naît dans quelque famille, s'élève, croît, s'embellit et entre dans sa seizième année. Il se fait prier à cinquante ans pour l'épouser, jeune, belle, spirituelle : cet homme sans naissance, sans esprit et sans le moindre mérite, est préféré à tous ses rivaux.

Le mariage, qui devrait être à l'homme une source de tous les biens, lui est souvent, par la disposition de sa fortune, un lourd fardeau sous lequel il succombe. C'est alors qu'une femme et des enfants sont une violente tentation à la fraude, au mensonge et aux gains illicites ; il se trouve entre la friponnerie et l'indigence : étrange situation !

Épouser une veuve, en bon français, signifie faire sa fortune ; il n'opère pas toujours ce qu'il signifie.

Celui qui n'a de partage avec ses frères que pour vivre à l'aise bon praticien, veut être officier ; le simple officier se fait magistrat, et le magistrat veut présider ; et ainsi de toutes les conditions où les hommes languissent serrés et indigents, après avoir tenté au delà de leur fortune et forcé, pour ainsi dire, leur destinée, incapables tout à la fois de ne pas vouloir être riches et de demeurer riches.

Dîne bien, *Cléarque*, soupe le soir, mets du bois au feu, achète un manteau, tapisse ta chambre : tu n'aimes point ton héritier, tu ne le connais point, tu n'en as point.

Jeune, on conserve pour sa vieillesse ; vieux, on épargne pour la mort. L'héritier prodigue paye de superbes funérailles, et dévore le reste.

L'avare dépense plus mort, en un seul jour, qu'il ne faisait vivant en dix années ; et son héritier plus en dix mois, qu'il n'a su faire lui-même en toute sa vie.

Ce que l'on prodigue, on l'ôte à son héritier ; ce que l'on épargne sordidement, on se l'ôte à soi-même. Le milieu est justice pour soi et pour les autres.

Les enfants peut-être seraient plus chers à leurs

pères et, réciproquement, les pères à leurs enfants, sans le titre d'héritiers.

Triste condition de l'homme, et qui dégoûte de la vie! Il faut suer, veiller, fléchir, dépendre, pour avoir un peu de fortune, ou la devoir à l'agonie de nos proches. Celui qui s'empêche de souhaiter que son père y passe bientôt est homme de bien.

Le caractère de celui qui veut hériter de quelqu'un rentre dans celui du complaisant : nous ne sommes point mieux flattés, mieux obéis, plus suivis, plus entourés, plus cultivés, plus ménagés, plus caressés de personne pendant notre vie, que de celui qui croit gagner à notre mort et qui désire qu'elle arrive.

Tous les hommes, par les postes différents, par les titres et par les successions, se regardent comme héritiers les uns des autres, et cultivent par cet intérêt, pendant tout le cours de leur vie, un désir secret et enveloppé de la mort d'autrui : le plus heureux, dans chaque condition, est celui qui a plus de choses à perdre par sa mort et à laisser à son successeur.

L'on dit du jeu qu'il égale les conditions ; mais elles se trouvent quelquefois si étrangement disproportionnées, et il y a entre telle et telle condition un abîme d'intervalle si immense et si profond, que les yeux souffrent de voir de telles extrémités se rapprocher : c'est comme une musique qui détonne, ce sont comme des couleurs mal assorties, comme des paroles qui jurent et qui offensent l'oreille, comme de ces bruits ou de ces sons qui font frémir ; c'est, en un mot, un renversement de toutes les bienséances. Si l'on m'oppose que c'est la pratique de tout l'Occident, je réponds que c'est peut-être aussi l'une de ces choses qui nous rendent barbares à l'autre partie du monde, et que les Orientaux qui viennent jusqu'à nous remportent sur leurs tablettes: je ne doute pas même que cet excès de familiarité ne les rebute davantage que nous ne sommes blessés de leur *zombaye* et de leurs autres prosternations.

Une tenue d'États, ou les chambres assemblées pour une affaire très capitale, n'offrent point aux yeux rien de si grave et de si sérieux qu'une table de gens qui jouent un grand jeu: une triste sévérité règne sur leurs visages; implacables l'un pour l'autre, et irréconciliables ennemis pendant que la séance dure, ils ne reconnaissent plus ni liaisons, ni alliance, ni naissance, ni distinctions: le hasard seul, aveugle et farouche divinité, préside au cercle, et y décide souverainement; ils l'honorent tous par un silence profond, et par une attention dont ils sont partout ailleurs fort incapables; toutes les passions, comme suspendues, cèdent à une seule: le courtisan alors n'est ni doux, ni flatteur, ni complaisant, ni même dévot.

L'on ne reconnaît plus en ceux que le jeu et le gain ont illustrés la moindre trace de leur première condition: ils perdent de vue leurs égaux, et atteignent les plus grands seigneurs. Il est vrai que la fortune du dé ou du lansquenet les remet souvent où elle les a pris.

Je ne m'étonne pas qu'il y ait des brelans publics, comme autant de pièges tendus à l'avarice des hommes, comme des gouffres où l'argent des particuliers tombe et se précipite sans retour, comme d'affreux écueils où les joueurs viennent se briser et se perdre; qu'il parte de ces lieux des émissaires pour savoir à heure marquée qui a descendu à terre avec un argent frais d'une nouvelle prise, qui a gagné un procès d'où on lui a compté une grosse somme, qui a reçu un don, qui a fait au jeu un gain considérable, quel fils de famille vient de recueillir une riche succession, ou quel commis imprudent veut hasarder sur une carte les deniers de sa caisse. C'est un sale et indigne métier, il est vrai, que de tromper; mais c'est un métier qui est ancien, connu, pratiqué de tout temps par ce genre d'hommes que j'appelle des brelandiers. L'enseigne est à leur porte; on y lirait presque: *Ici l'on trompe de bonne foi*; car se voudraient-ils donner pour irréprochables? Qui ne sait pas qu'entrer et perdre dans ces maisons est une même chose? Qu'ils trouvent donc sous leur main autant de dupes qu'il en faut pour leur subsistance, c'est ce qui me passe.

Mille gens se ruinent au jeu, et vous disent froidement qu'ils ne sauraient se passer de jouer: quelle excuse! Y a-t-il une passion, quelque violente ou honteuse qu'elle soit, qui ne pût tenir ce même langage? Serait-on reçu à dire qu'on ne peut se passer de voler, d'assassiner, de se précipiter? Un jeu effroyable, continuel, sans retenue, sans bornes, où l'on n'a en vue que la ruine totale de son adversaire, où l'on est transporté du désir du gain, désespéré sur la perte, consumé par l'avarice, où l'on expose sur une carte ou à la fortune du dé la sienne propre, celle de sa femme et de ses enfants, est-ce une chose qui soit permise ou dont l'on doive se passer? Ne faut-il pas quelquefois se faire une plus grande violence, lorsque, poussé par le jeu jusques à une déroute universelle, il faut même que l'on se passe d'habits et de nourriture, et de les fournir à sa famille?

Je ne permets à personne d'être fripon; mais je permets à un fripon de jouer un grand jeu: je le

défends à un honnête homme. C'est une trop grande
puérilité que de s'exposer à une grande perte.

Il n'y a qu'une affliction qui dure, qui est celle qui
vient de la perte de biens : le temps, qui adoucit toutes
les autres, aigrit celle-ci. Nous sentons à tous
moments, pendant le cours de notre vie, où le bien
que nous avons perdu nous manque.

Il fait bon avec celui qui ne se sert pas de son bien
à marier ses filles, à payer ses dettes, ou à faire des contrats, pourvu que l'on ne soit ni ses enfants ni sa femme.

Ni les troubles, *Zénobie*, qui agitent votre empire,
ni la guerre que vous soutenez virilement contre une
nation puissante depuis la mort du roi votre époux,
ne diminuent rien de votre magnificence. Vous avez
préféré à toute autre contrée les rives de l'Euphrate
pour y élever un superbe édifice : l'air y est sain et
tempéré, la situation en est riante ; un bois sacré
l'ombrage du côté du couchant. Les dieux de Syrie,
qui habitent quelquefois la terre, n'y auraient pu
choisir une plus belle demeure. La campagne autour
est couverte d'hommes qui taillent et qui coupent,
qui vont et qui viennent, qui roulent ou qui charrient
le bois du Liban, l'airain et le porphyre ; les grues et
les machines gémissent dans l'air, et font espérer à
ceux qui voyagent vers l'Arabie de revoir à leur retour
en leurs foyers ce palais achevé, et dans cette splendeur
où vous désirez de le porter avant de l'habiter, vous et
les princes vos enfants. N'y épargnez rien, grande
reine ; employez-y l'or et tout l'art des plus excellents
ouvriers ; que les Phidias et les Zeuxis de votre siècle
déploient toute leur science sur vos plafonds et sur
vos lambris ; tracez-y de vastes et délicieux jardins,
dont l'enchantement soit tel qu'ils ne paraissent pas

faits de la main des hommes; épuisez vos trésors et votre industrie sur cet ouvrage incomparable; et après que vous y aurez mis, Zénobie, la dernière main, quelqu'un de ces pâtres qui habitent les sables voisins de Palmyre, devenu riche par les péages de vos rivières, achètera un jour à deniers comptants cette royale maison, pour l'embellir et la rendre plus digne de lui et de sa fortune.

Ce palais, ces meubles, ces jardins, ces belles eaux, vous enchantent et vous font récrier d'une première vue sur une maison si délicieuse, et sur l'extrême bonheur du maître qui la possède. Il n'est plus; il n'en a pas joui si agréablement ni si tranquillement que vous: il n'y a jamais eu un jour serein, ni une nuit tranquille; il s'est noyé de dettes pour la porter à ce degré de beauté où elle vous ravit. Ses créanciers l'en ont chassé: il a tourné la tête, et il l'a regardée de loin une dernière fois; et il est mort de saisissement.

L'on ne saurait s'empêcher de voir dans certaines familles ce qu'on appelle les caprices du hasard ou les jeux de la fortune. Il y a cent ans qu'on ne parlait point de ces familles, qu'elles n'étaient point: le ciel tout d'un coup s'ouvre en leur faveur; les biens, les honneurs, les dignités, fondent sur elles à plusieurs reprises; elles nagent dans la prospérité. *Eumolpe*, l'un de ces hommes qui n'ont point de grands-pères, a eu un père du moins qui s'était élevé si haut, que tout ce qu'il a pu souhaiter pendant le cours d'une longue vie, ç'a été de l'atteindre; et il l'a atteint. Était-ce dans ces deux personnages éminence d'esprit, profonde capacité? étaient-ce les conjonctures? La fortune enfin ne leur rit plus; elle se joue ailleurs, et traite leur postérité comme leurs ancêtres.

La cause la plus immédiate de la ruine et de la déroute des personnes des deux conditions, de la robe et de l'épée, est que l'état seul, et non le bien, règle la dépense.

Si vous n'avez rien oublié pour votre fortune, quel travail! Si vous avez négligé la moindre chose, quel repentir!

Giton a le teint frais, le visage plein et les joues pendantes, l'œil fixe et assuré, les épaules larges, l'estomac haut, la démarche ferme et délibérée. Il parle avec confiance; il fait répéter celui qui l'entretient, et il ne goûte que médiocrement tout ce qu'il lui dit. Il déploie un ample mouchoir, et se mouche avec grand bruit; il crache fort loin, et il éternue fort haut. Il dort le jour, il dort la nuit, et profondément; il ronfle en compagnie. Il occupe à table et à la promenade plus de place qu'un autre; il tient le milieu en se promenant avec ses égaux; il s'arrête, et l'on s'arrête; il continue de marcher, et l'on marche; tous se règlent sur lui. Il interrompt, il redresse ceux qui ont la parole; on ne l'interrompt pas, on l'écoute aussi longtemps qu'il veut parler; on est de son avis, on croit les nouvelles qu'il débite. S'il s'assied, vous le voyez s'enfoncer dans un fauteuil, croiser les jambes l'une sur l'autre, froncer le sourcil, abaisser son chapeau sur ses yeux pour ne voir personne, ou le relever ensuite, et découvrir son front par fierté et par audace. Il est enjoué, grand rieur, impatient, présomptueux, colère, libertin, politique, mystérieux sur les affaires du temps; il se croit des talents et de l'esprit. Il est riche.

Phédon a les yeux creux, le teint échauffé, le corps sec et le visage maigre: il dort peu, et d'un sommeil

fort léger ; il est abstrait, rêveur, et il a, avec de l'esprit,
l'air d'un stupide : il oublie de dire ce qu'il sait, ou
de parler d'événements qui lui sont connus : et s'il le
fait quelquefois, il s'en tire mal ; il croit peser à ceux
à qui il parle ; il conte brièvement, mais froidement ;
il ne se fait pas écouter, il ne fait point rire. Il ap-
plaudit, il sourit à ce que les autres lui disent, il est
de leur avis ; il court, il vole pour leur rendre de petits
services ; il est complaisant, flatteur, empressé. Il est
mystérieux sur ses affaires, quelquefois menteur ; il est
superstitieux, scrupuleux, timide. Il marche douce-
ment et légèrement, il semble craindre de fouler la
terre ; il marche les yeux baissés, et il n'ose les lever
sur ceux qui passent. Il n'est jamais du nombre de
ceux qui forment un cercle pour discourir ; il se met
derrière celui qui parle, recueille furtivement ce qui
se dit, et il se retire si on le regarde. Il n'occupe point
de lieu, il ne tient point de place ; il va les épaules
serrées, le chapeau abaissé sur ses yeux pour n'être
point vu ; il se replie et se renferme dans son manteau :
il n'y a point de rues ni de galeries si embarrassées et
si remplies de monde, où il ne trouve moyen de passer
sans effort, et de se couler sans être aperçu. Si on le
prie de s'asseoir, il se met à peine sur le bord d'un
siège ; il parle bas dans la conversation, et il articule
mal ; libre néanmoins sur les affaires publiques, chagrin contre le siècle, médiocrement prévenu des
ministres et du ministère. Il n'ouvre la bouche que
pour répondre ; il tousse, il se mouche sous son
chapeau ; il crache presque sur soi, et il attend qu'il
soit seul pour éternuer, ou, si cela lui arrive, c'est à
l'insu de la compagnie ; il n'en coûte à personne ni
salut ni compliment. Il est pauvre.

DE LA MODE

Une chose folle et qui découvre bien notre petitesse, c'est l'assujettissement aux modes, quand on l'étend à ce qui concerne le goût, le vivre, la santé et la conscience. La viande noire est hors de mode, et, par cette raison, insipide ; ce serait pécher contre la mode que de guérir de la fièvre par la saignée. De même, l'on ne mourait plus depuis longtemps par *Théotime*, ses tendres exhortations ne sauvaient plus que le peuple, et Théotime a vu son successeur.

La curiosité n'est pas un goût pour ce qui est bon ou ce qui est beau, mais pour ce qui est rare, unique, pour ce qu'on a et ce que les autres n'ont point. Ce n'est pas un attachement à ce qui est parfait, mais à ce qui est couru, à ce qui est à la mode. Ce n'est pas un amusement, mais une passion et souvent si violente qu'elle ne cède à l'amour et à l'ambition que par la petitesse de son objet. Ce n'est pas une passion, qu'on a généralement pour les choses rares et qui ont cours, mais qu'on a seulement pour une certaine chose, qui est rare, et pourtant à la mode.

Le fleuriste a un jardin dans un faubourg ; il y court au lever du soleil, et il en revient à son coucher. Vous le voyez planté et qui a pris racine au milieu de ses tulipes et devant la *Solitaire* : il ouvre de grands yeux, il frotte ses mains, il se baisse, il la voit de plus près, il ne l'a jamais vue si belle, il a le cœur épanoui de joie : il la quitte pour l'*Orientale* ; de là, il va à la *Veuve* ; il passe au *Drap d'or* ; de celle-ci à l'*Agathe*, d'où il revient enfin à la *Solitaire*, où il se fixe, où il se lasse, où il s'assied, où il oublie de dîner : aussi est-elle

nuancée, bordée, huilée, à pièces emportées; elle a
un beau vase ou un beau calice; il la contemple, il
l'admire; Dieu et la nature sont en tout cela ce qu'il
n'admire point: il ne va pas plus loin que l'oignon de
sa tulipe, qu'il ne livrerait pas pour mille écus, et
qu'il donnera pour rien quand les tulipes seront
négligées et que les œillets auront prévalu. Cet homme
raisonnable qui a une âme, qui a un culte et une religion, revient chez soi fatigué, affamé, mais fort content
de sa journée: il a vu des tulipes.

Parlez à cet autre de la richesse des moissons, d'une
ample récolte, d'une bonne vendange: il est curieux
de fruits; vous n'articulez pas, vous ne vous faites
pas entendre. Parlez-lui de figues et de melons, dites
que les poiriers rompent de fruit cette année, que les
pêchers ont donné avec abondance: c'est pour lui un
idiome inconnu: il s'attache aux seuls pruniers: il ne
vous répond pas. Ne l'entretenez pas même de vos
pruniers: il n'a de l'amour que pour une certaine
espèce, toute autre que vous lui nommez le fait sourire
et se moquer. Il vous mène à l'arbre, cueille artiste-
ment cette prune exquise; il l'ouvre, vous en donne
une moitié et prend l'autre: "Quelle chair! dit-il;
goûtez-vous cela? cela est-il divin? voilà ce que vous
ne trouverez pas ailleurs!" Et là-dessus ses narines
s'enflent, il cache avec peine sa joie et sa vanité par
quelques dehors de modestie. Ô l'homme divin, en
effet! homme qu'on ne peut jamais assez louer et admirer! homme dont il sera parlé dans plusieurs siècles!
que je voie sa taille et son visage pendant qu'il vit; que
j'observe les traits et la contenance d'un homme qui
seul entre les mortels possède une telle prune!

Un troisième, que vous allez voir, vous parle des

curieux, ses confrères, et surtout de *Diognète*: "Je
l'admire, dit-il, et je le comprends moins que jamais.
Pensez-vous qu'il cherche à s'instruire par les médailles,
et qu'il les regarde comme des preuves parlantes de
certains faits, et des monuments fixes et indubitables
de l'ancienne histoire? rien moins! Vous croyez peut-
être que toute la peine qu'il se donne pour recouvrer
une *tête* vient du plaisir qu'il se fait de ne voir pas
une suite d'empereurs interrompue? c'est encore
moins. Diognète sait d'une médaille le *fruste*, le *flou*
et la *fleur de coin*; il a une tablette dont toutes les
places sont garnies, à l'exception d'une seule: ce vide
lui blesse la vue, et c'est précisément et à la lettre pour
le remplir qu'il emploie son bien et sa vie."

"Vous voulez, ajoute *Démocède*, voir mes estampes?"
et bientôt il les étale et vous les montre. Vous en
rencontrez une qui n'est ni noire, ni nette, ni dessinée
et d'ailleurs moins propre à être gardée dans un
cabinet qu'à tapisser, un jour de fête, le Petit-Pont ou
la rue Neuve: il convient qu'elle est mal gravée, plus
mal dessinée; mais il assure qu'elle est d'un Italien
qui a travaillé peu, qu'elle n'a presque pas été tirée,
que c'est la seule qui soit en France de ce dessin, qu'il
l'a achetée très cher, et qu'il ne la changerait pas pour
ce qu'il a de meilleur. "J'ai, continue-t-il, une sensible
affliction, et qui m'obligera à renoncer aux estampes
pour le reste de mes jours: j'ai tout *Callot*, hormis une
seule, qui n'est pas, à la vérité, de ses bons ouvrages;
au contraire, c'est un des moindres, mais qui m'achève-
rait Callot: je travaille depuis vingt ans à recouvrer
cette estampe, et je désespère enfin d'y réussir; cela
est bien rude!"

Tel autre fait la satire de ces gens qui s'engagent

par inquiétude ou par curiosité dans de longs voyages, qui ne font ni mémoires ni relations, qui ne portent point de tablettes; qui vont pour voir, et qui ne voient pas, ou qui oublient ce qu'ils ont vu, qui désirent seulement de connaître de nouvelles tours ou de nouveaux clochers, et de passer des rivières qu'on n'appelle ni la Seine ni la Loire; qui sortent de leur patrie pour y retourner, qui aiment à être absents, qui veulent un jour être revenus de loin. Et ce satirique parle juste, et se fait écouter.

Mais quand il ajoute que les livres en apprennent plus que les voyages, et qu'il m'a fait comprendre par ses discours qu'il a une bibliothèque, je souhaite de la voir; je vais trouver cet homme, qui me reçoit dans une maison où, dès l'escalier, je tombe en faiblesse d'une odeur de maroquin noir dont ses livres sont tous couverts. Il a beau me crier aux oreilles, pour me ranimer, qu'ils sont dorés sur tranche, ornés de filets d'or, et de la bonne édition, me nommer les meilleurs l'un après l'autre, dire que sa galerie est remplie, à quelques endroits près, qui sont peints de manière qu'on les prend pour de vrais livres arrangés sur des tablettes et que l'œil s'y trompe, ajouter qu'il ne lit jamais, qu'il ne met pas le pied dans cette galerie, qu'il y viendra pour me faire plaisir; je le remercie de sa complaisance, et ne veux, non plus que lui, visiter sa tannerie, qu'il appelle bibliothèque.

Quelques-uns, par une intempérance de savoir, et par ne pouvoir se résoudre à renoncer à aucune sorte de connaissance, les embrassent toutes et n'en possèdent aucune: ils aiment mieux savoir beaucoup que de savoir bien, et être faibles et superficiels dans diverses sciences que d'être sûrs et profonds dans une seule. Ils trouvent en toutes rencontres celui qui est leur maître et qui les redresse ; ils sont les dupes de leur vaine curiosité, et ne peuvent au plus, par de longs et pénibles efforts, que se tirer d'une ignorance crasse.

D'autres ont la clef des sciences, où ils n'entrent jamais : ils passent leur vie à déchiffrer les langues orientales et les langues du Nord, celles des deux Indes, celle des deux pôles, et celle qui se parle dans la lune. Les idiomes les plus inutiles, avec les caractères les plus bizarres et les plus magiques, sont précisément ce qui réveille leur passion et qui excite leur travail ; ils plaignent ceux qui se bornent ingénument à savoir leur langue, ou tout au plus la grecque et la latine. Ces gens lisent toutes les histoires, et ignorent l'histoire ; ils parcourent tous les livres, et ne profitent d'aucun : c'est en eux une stérilité de faits et de principes qui ne peut être plus grande, mais, à la vérité, la meilleure récolte et la richesse la plus abondante de mots et de paroles qui puisse s'imaginer : ils plient sous le faix ; leur mémoire en est accablée, pendant que leur esprit demeure vide.

Un bourgeois aime les bâtiments ; il se fait bâtir un hôtel si beau, si riche et si orné, qu'il est inhabitable ; le maître, honteux de s'y loger, ne pouvant peut-être se résoudre à le louer à un prince ou à un homme d'affaires, se retire au galetas, où il achève sa vie, pendant que l'enfilade et les planchers de rapport sont en proie aux Anglais et aux Allemands qui voyagent, et qui viennent là du palais Royal, du palais L... G... et du Luxembourg. On heurte sans fin à cette belle porte ; tous demandent à voir la maison, et personne à voir Monsieur.

On en sait d'autres qui ont des filles devant leurs

yeux, à qui ils ne peuvent pas donner une dot; que dis-je? elles ne sont pas vêtues, à peine nourries; qui se refusent un tour de lit et du linge blanc, qui sont pauvres; et la source de leur misère n'est pas fort loin : c'est un garde-meuble chargé et embarrassé de bustes rares, déjà poudreux et couverts d'ordures, dont la vente les mettrait au large, mais qu'ils ne peuvent se résoudre à mettre en vente.

Diphile commence par un oiseau et finit par mille : sa maison n'en est pas égayée, mais empestée; la cour, la salle, l'escalier, le vestibule, les chambres, le cabinet, tout est volière. Ce n'est plus un ramage, c'est un vacarme; les vents d'automne et les eaux dans leurs grandes crues ne font pas un bruit si perçant et si aigu; on ne s'entend non plus parler les uns les autres que dans ces chambres où il faut attendre, pour faire le compliment d'entrée, que les petits chiens aient aboyé. Ce n'est plus pour Diphile un agréable amusement, c'est une affaire laborieuse, et à laquelle à peine il peut suffire. Il passe les jours, ces jours qui échappent et qui ne reviennent plus, à verser du grain et à nettoyer des ordures. Il donne pension à un homme qui n'a point d'autre ministère que de siffler des serins au flageolet et de faire couver des *canaries*. Il est vrai que ce qu'il dépense d'un côté, il l'épargne de l'autre, car ses enfants sont sans maîtres et sans éducation. Il se renferme le soir, fatigué de son propre plaisir, sans pouvoir jouir du moindre repos que ses oiseaux ne reposent, et que ce petit peuple, qu'il n'aime que parce qu'il chante, ne cesse de chanter. Il retrouve ses oiseaux dans son sommeil : lui-même il est oiseau, il est huppé, il gazouille, il perche; il rêve la nuit qu'il mue ou qu'il couve.

Qui pourrait épuiser tous les différents genres de curieux? Devineriez-vous, à entendre parler celui-ci de son *Léopard*, de sa *Plume*, de sa *Musique*, les vanter comme ce qu'il y a sur la terre de plus singulier et de plus merveilleux, qu'il veut vendre ses coquilles? Pourquoi non, s'il les achète au poids de l'or?

Cet autre aime les insectes; il en fait tous les jours de nouvelles emplettes; c'est surtout le premier homme de l'Europe pour les papillons: il en a de toutes les tailles et de toutes les couleurs. Quel temps prenez-vous pour lui rendre visite? il est plongé dans une amère douleur; il a l'humeur noire, chagrine, et dont toute sa famille souffre: aussi a-t-il fait une perte irréparable. Approchez, regardez ce qu'il vous montre sur son doigt, qui n'a plus de vie et qui vient d'expirer: c'est une chenille, et quelle chenille!

Le duel est le triomphe de la mode et l'endroit où elle a exercé sa tyrannie avec plus d'éclat. Cet usage n'a pas laissé au poltron la liberté de vivre; il l'a mené se faire tuer par un plus brave que soi, et l'a confondu avec un homme de cœur; il a attaché de l'honneur et de la gloire à une action folle et extravagante; il a été approuvé par la présence des rois; il y a eu quelquefois une espèce de religion à le pratiquer; il a décidé de l'innocence des hommes, des accusations fausses ou véritables sur des crimes capitaux; il s'était enfin si profondément enraciné dans l'opinion des peuples, et s'était si fort saisi de leur cœur et de leur esprit, qu'un des plus beaux endroits de la vie d'un très grand roi a été de les guérir de cette folie.

Tel a été à la mode, ou pour le commandement des armées et la négociation, ou pour l'éloquence de la chaire, ou pour les vers, qui n'y est plus. Y a-t-il des

hommes qui dégénèrent de ce qu'ils furent autrefois?
est-ce leur mérite qui est usé, ou le goût que l'on avait
pour eux?

Un homme à la mode dure peu, car les modes
passent: s'il est par hasard homme de mérite, il n'est
pas anéanti, et il subsiste encore par quelque endroit:
également estimable, il est seulement moins estimé.

La vertu a cela d'heureux, qu'elle se suffit à elle-
même, et qu'elle sait se passer d'admirateurs, de
partisans et de protecteurs: le manque d'appui et
d'approbation non seulement ne lui nuit pas, mais il
la conserve, l'épure et la rend parfaite: qu'elle soit
à la mode, qu'elle n'y soit plus, elle demeure vertu.

Si vous dites aux hommes, et surtout aux grands,
qu'un tel a de la vertu, ils vous disent: "Qu'il la garde";
qu'il a bien de l'esprit, de celui surtout qui plaît et qui
amuse, ils vous répondent: "Tant mieux pour lui";
qu'il a l'esprit fort cultivé, qu'il sait beaucoup, ils vous
demandent quelle heure il est ou quel temps il fait.
Mais si vous leur apprenez qu'il y a un *Tigillin* qui
souffle ou qui *jette en sable* un verre d'eau-de-vie, et,
chose merveilleuse! qui y revient à plusieurs fois en
un repas, alors ils disent: "Où est-il? amenez-le-moi
demain, ce soir; me l'amènerez-vous?" On le leur
amène; et cet homme, propre à parer les avenues d'une
foire et à être montré en chambre pour de l'argent,
ils l'admettent dans leur familiarité.

Il n'y a rien qui mette plus subitement un homme à
la mode et qui le soulève davantage que le grand jeu:
cela va du pair avec la crapule. Je voudrais bien voir
un homme poli, enjoué, spirituel, fût-il un CATULLE ou
son disciple, faire quelque comparaison avec celu' qui
vient de perdre huit cents pistoles en une séance.

Une personne à la mode ressemble à une *fleur bleue* qui croît de soi-même dans les sillons, où elle étouffe les épis, diminue la moisson, et tient la place de quelque chose de meilleur ; qui n'a de prix et de beauté que ce qu'elle emprunte d'un caprice léger qui naît et qui tombe presque dans le même instant : aujourd'hui elle est courue, les femmes s'en parent ; demain elle est négligée, et rendue au peuple.

Une personne de mérite, au contraire, est une fleur qu'on ne désigne pas par sa couleur, mais que l'on nomme par son nom, que l'on cultive pour sa beauté ou pour son odeur ; l'une des grâces de la nature, l'une de ces choses qui embellissent le monde, qui est de tous les temps et d'une vogue ancienne et populaire ; que nos pères ont estimée, et que nous estimons après nos pères ; à qui le dégoût ou l'antipathie de quelques-uns ne saurait nuire : un lis, une rose.

L'on voit *Eustrate* assis dans sa nacelle, où il jouit d'un air pur et d'un ciel serein : il avance d'un bon vent et qui a toutes les apparences de devoir durer ; mais il tombe tout d'un coup, le ciel se couvre, l'orage se déclare, un tourbillon enveloppe la nacelle, elle est submergée : on voit Eustrate revenir sur l'eau et faire quelques efforts ; on espère qu'il pourra du moins se sauver et venir à bord ; mais une vague l'enfonce, on le tient perdu : il paraît une seconde fois, et les espérances se réveillent, lorsqu'un flot survient et l'abîme : on ne le revoit plus, il est noyé.

Voiture et Sarrasin étaient nés pour leur siècle, et ils ont paru dans un temps où il semble qu'ils étaient attendus. S'ils s'étaient moins pressés de venir, ils arrivaient trop tard ; et j'ose douter qu'ils fussent tels aujourd'hui qu'ils ont été alors. Les conversations

légères, les cercles, la fine plaisanterie, les lettres en-
jouées et familières, les petites parties où l'on était
admis seulement avec de l'esprit, tout a disparu. Et
qu'on ne dise point qu'ils les feraient revivre: ce que
je puis faire en faveur de leur esprit est de convenir
que peut-être ils excelleraient dans un autre genre;
mais les femmes sont, de nos jours, ou dévotes, ou
coquettes, ou joueuses ou ambitieuses, quelques-unes
même tout cela à la fois: le goût de la faveur, le jeu,
les galants, les directeurs, ont pris la place, et la
défendent contre les gens d'esprit.

Un homme fat et ridicule porte un long chapeau,
un pourpoint à ailerons, des chausses à aiguillettes et
des bottines: il rêve la veille par où et comment il
pourra se faire remarquer le jour qui suit. Un philosophe se laisse habiller par son tailleur. Il y a autant
de faiblesse à fuir la mode qu'à l'affecter.

L'on blâme une mode qui, divisant la taille des
hommes en deux parties égales, en prend une tout
entière pour le buste, et laisse l'autre pour le reste
du corps. L'on condamne celle qui fait de la tête des
femmes la base d'un édifice à plusieurs étages, dont
l'ordre et la structure changent selon leurs caprices;
qui éloigne les cheveux du visage, bien qu'ils ne
croissent que pour l'accompagner; qui les relève et
les hérisse à la manière des bacchantes, et semble
avoir pourvu à ce que les femmes changent leur
physionomie douce et modeste en une autre qui soit
fière et audacieuse. On se récrie enfin contre une
telle ou une telle mode, qui cependant, toute bizarre
qu'elle est, pare et embellit pendant qu'elle dure, et
dont l'on tire tout l'avantage qu'on en peut espérer,
qui est de plaire. Il me paraît qu'on devrait seulement

admirer l'inconstance et la légèreté des hommes, qui
attachent successivement les agréments et la bien-
séance à des choses tout opposées; qui emploient pour
le comique et pour la mascarade ce qui leur a servi
de parure grave et d'ornements les plus sérieux; et
que si peu de temps en fasse la différence.

N... est riche, elle mange bien, elle dort bien: mais
les coiffures changent; et lorsqu'elle y pense le moins,
et qu'elle se croit heureuse, la sienne est hors de mode.

Iphis voit à l'église un soulier d'une nouvelle mode;
il regarde le sien, et en rougit; il ne se croit plus
habillé. Il était venu à la messe pour s'y montrer, et
il se cache: le voilà retenu par le pied dans sa chambre
tout le reste du jour. Il a la main douce, et il l'entretient avec une pâte de senteur; il a soin de rire pour
montrer ses dents; il fait la petite bouche, et il n'y
a guère de moments où il ne veuille sourire; il regarde
ses jambes, il se voit au miroir: l'on ne peut être plus
content de personne qu'il l'est de lui-même; il s'est
acquis une voix claire et délicate, et heureusement il
parle gras; il a un mouvement de tête, et je ne sais
quel adoucissement dans les yeux dont il n'oublie pas
de s'embellir; il a une démarche molle et le plus joli
maintien qu'il est capable de se procurer; il met du
rouge, mais rarement, il n'en fait pas habitude: il est
vrai aussi qu'il porte des chausses et un chapeau, et
qu'il n'a ni boucles d'oreilles ni collier de perles; aussi
ne l'ai-je pas mis dans le chapitre des femmes.

Ces mêmes modes que les hommes suivent si
volontiers pour leurs personnes, ils affectent de les
négliger dans leurs portraits, comme s'ils sentaient ou
qu'ils prévissent l'indécence et le ridicule où elles
peuvent tomber dès qu'elles auront perdu ce qu'on

appelle la fleur ou l'agrément de la nouveauté: ils leur préfèrent une parure arbitraire, une draperie indifférente, fantaisies du peintre qui ne sont prises ni sur l'air ni sur le visage, qui ne rappellent ni les mœurs ni la personne. Ils aiment des attitudes forcées ou immodestes, une manière dure, sauvage, étrangère, qui font un capitan d'un jeune abbé, et un matamore d'un homme de robe; une Diane d'une femme de ville, comme d'une femme simple et timide une amazone ou une Pallas; une Laïs d'une honnête fille; un Scythe, un Attila, d'un prince qui est bon et magnanime.

Une mode a à peine détruit une autre mode qu'elle est abolie par une plus nouvelle, qui cède elle-même à celle qui suit, et qui ne sera pas la dernière: telle est notre légèreté. Pendant ces révolutions, un siècle s'est écoulé qui a mis toutes ces parures au rang des choses passées et qui ne sont plus. La mode alors la plus curieuse et qui fait plus de plaisir à voir, c'est la plus ancienne: aidée du temps et des années, elle a le même agrément dans les portraits qu'a la saye ou l'habit romain sur les théâtres, qu'ont la mante, le voile et la tiare dans nos tapisseries et dans nos peintures.

Nos pères nous ont transmis, avec la connaissance de leurs personnes, celle de leurs habits, de leurs coiffures, de leurs armes, et des autres ornements qu'ils ont aimés pendant leur vie. Nous ne saurions bien reconnaître cette sorte de bienfait qu'en traitant de même nos descendants.

Le courtisan autrefois avait ses cheveux, était en chausses et en pourpoint, portait de larges canons, et il était libertin. Cela ne sied plus; il porte une perruque, l'habit serré, le bas uni, et il est dévot: tout se règle par la mode.

Celui qui depuis quelque temps à la cour était dévot, et par là, contre toute raison, peu éloigné du ridicule, pouvait-il espérer de devenir à la mode?

De quoi n'est point capable un courtisan dans la vue de sa fortune, si, pour ne la pas manquer, il devient dévot?

Les couleurs sont préparées, et la toile est toute prête: mais comment le fixer, cet homme inquiet, léger, inconstant, qui change de mille et mille figures? Je le peins dévot, et je crois l'avoir attrapé; mais il m'échappe, et déjà il est libertin. Qu'il demeure du moins dans cette mauvaise situation, et je saurai le prendre dans un point de dérèglement de cœur et d'esprit où il sera reconnaissable; mais la mode presse, il est dévot.

Celui qui a pénétré la cour connaît ce que c'est que vertu et ce que c'est que dévotion; il ne peut plus s'y tromper.

Négliger vêpres comme une chose antique et hors de mode, garder sa place soi-même pour le salut, savoir les êtres de la chapelle, connaître le flanc, savoir où l'on est vu et où l'on n'est pas vu; rêver dans l'église à Dieu et à ses affaires, y recevoir des visites, y donner des ordres et des commissions, y attendre les réponses; avoir un directeur mieux écouté que l'Évangile; tirer toute sa sainteté et tout son relief de la réputation de son directeur; dédaigner ceux dont le directeur a moins de vogue, et convenir à peine de leur salut; n'aimer de la parole de Dieu que ce qui s'en prêche chez soi ou par son directeur; préférer sa messe aux autres messes, et les sacrements donnés de sa main à ceux qui ont moins de cette circonstance; ne se repaître que de livres de spiritualité, comme s'il n'y

avait ni Évangiles, ni Épîtres des apôtres, ni morale
des Pères; lire ou parler un jargon inconnu aux premiers siècles; circonstancier à confesse les défauts
d'autrui, y pallier les siens; s'accuser de ses souffrances,
de sa patience; dire comme un péché son peu de
progrès dans l'héroïsme; être en liaison secrète avec
de certaines gens contre certains autres; n'estimer que
soi et sa cabale; avoir pour suspecte la vertu même,
goûter, savourer la prospérité et la faveur, n'en vouloir
que pour soi; ne point aider au mérite; faire servir
la piété à son ambition, aller à son salut par le chemin
de la fortune et des dignités: c'est, du moins jusqu'à
ce jour, le plus bel effort de la dévotion du temps.

Un dévot, est celui qui, sous un roi athée, serait athée.

Les dévots ne connaissent de crimes que l'incontinence, parlons plus précisément, que le bruit ou les
dehors de l'incontinence. Si *Phérécide* passe pour être
guéri des femmes, ou *Phérénice* pour être fidèle à son
mari, ce leur est assez; laissez-les jouer un jeu ruineux,
faire perdre leurs créanciers, se réjouir du malheur
d'autrui et en profiter, idolâtrer les grands, mépriser
les petits, s'enivrer de leur propre mérite, sécher
d'envie, mentir, médire, cabaler, nuire, c'est leur état.
Voulez-vous qu'ils empiètent sur celui des gens de
bien, qui, avec les vices cachés, fuient encore l'orgueil
et l'injustice?

Quand un courtisan sera humble, guéri du faste
et de l'ambition; qu'il n'établira point sa fortune sur
la ruine de ses concurrents; qu'il sera équitable,
soulagera ses vassaux, payera ses créanciers; qu'il ne
sera ni fourbe ni médisant; qu'il renoncera aux grands
repas et aux amours illégitimes; qu'il priera autrement
que des lèvres, et même hors de la présence du prince;

quand d'ailleurs il ne sera pas d'un abord farouche
et difficile; qu'il n'aura point le visage austère et la
mine triste; qu'il ne sera point paresseux et contem-
platif; qu'il saura rendre, par une scrupuleuse attention, divers emplois très compatibles; qu'il pourra et
qu'il voudra même tourner son esprit et ses soins aux
grandes et laborieuses affaires, à celles surtout d'une
suite la plus étendue pour les peuples et pour tout
l'État; quand son caractère me fera craindre de le
nommer en cet endroit, et que sa modestie l'em-
pêchera, si je ne le nomme pas, de s'y reconnaître;
alors je dirai de ce personnage: "Il est dévot"; ou
plutôt: "C'est un homme donné à son siècle pour le
modèle d'une vertu sincère et pour le discernement
de l'hypocrite."

Onuphre n'a pour tout lit qu'une housse de serge
grise, mais il couche sur le coton et sur le duvet; de
même il est habillé simplement, mais commodément,
je veux dire d'une étoffe fort légère en été, et d'une
autre fort moelleuse pendant l'hiver; il porte des
chemises très déliées, qu'il a un très grand soin de
bien cacher. Il ne dit point: *Ma haire et ma discipline*;
au contraire; il passerait pour ce qu'il est, pour un
hypocrite, et il veut passer pour ce qu'il n'est pas, pour
un homme dévot: il est vrai qu'il fait en sorte que l'on
croie, sans qu'il le dise, qu'il porte une haire et qu'il
se donne la discipline. Il y a quelques livres répandus
dans sa chambre indifféremment; ouvrez-les: c'est
le Combat spirituel, le Chrétien intérieur et *l'Année
sainte*: d'autres livres sont sous la clef. S'il marche
par la ville, et qu'il découvre de loin un homme devant
qui il est nécessaire qu'il soit dévot, les yeux baissés,
la démarche lente et modeste, l'air recueilli, lui sont

familiers: il joue son rôle. S'il entre dans une église, il observe d'abord de qui il peut être vu, et selon la découverte qu'il vient de faire, il se met à genoux et prie, ou il ne songe ni à se mettre à genoux ni à prier. Arrive-t-il vers un homme de bien et d'autorité qui le verra et qui peut l'entendre non seulement il prie, mais il médite, il pousse des élans et des soupirs: si l'homme de bien se retire, celui-ci, qui le voit partir, s'apaise et ne souffle pas. Il entre une autre fois dans un lieu saint, perce la foule, choisit un endroit pour se recueillir, et où tout le monde voit qu'il s'humilie: s'il entend des courtisans qui parlent, qui rient, et qui sont à la chapelle avec moins de silence que dans l'antichambre, il fait plus de bruit qu'eux pour les faire taire; il reprend sa méditation, qui est toujours la comparaison qu'il fait de ces personnes avec lui-même, et où il trouve son compte. Il évite une église déserte et solitaire, où il pourrait entendre deux messes de suite, le sermon, vêpres et complies, tout cela entre Dieu et lui, et sans que personne lui en sût gré: il aime la paroisse, il fréquente les temples où se fait un grand concours; on n'y manque point son coup, on y est vu. Il choisit deux ou trois jours dans toute l'année, où, à propos de rien, il jeûne et fait abstinence; mais à la fin de l'hiver il tousse, il a une mauvaise poitrine, il a des vapeurs, il a eu la fièvre: il se fait prier, presser, quereller, pour rompre le carême dès son commencement, et il en vient là par complaisance. Si Onuphre est nommé arbitre dans une querelle de parents ou dans un procès de famille, il est pour les plus forts, je veux dire pour les plus riches, et il ne se persuade point que celui ou celle qui a beaucoup de bien puisse avoir tort. S'il se trouve bien d'un homme opulent,

à qui il a su imposer, dont il est le parasite, et dont il
peut tirer de grands secours, il ne cajole point sa
femme, il ne lui fait du moins ni avance ni déclaration;
il est encore plus éloigné d'employer pour la flatter et
pour la séduire le jargon de la dévotion: ce n'est point
par habitude qu'il le parle, mais avec dessein, et selon
qu'il lui est utile, et jamais quand il ne servirait qu'à
le rendre très ridicule. Il n'oublie pas de tirer avantage de l'aveuglement de son ami, et de la prévention
où il l'a jeté en sa faveur: tantôt il lui emprunte de
l'argent, tantôt il fait si bien que cet ami lui en offre;
il se fait reprocher de n'avoir pas recours à ses amis
dans ses besoins. Quelquefois il ne veut pas recevoir
une obole sans donner un billet, qu'il est bien sûr
de ne jamais retirer. Il dit une autre fois et d'une
certaine manière, que rien ne lui manque, et c'est
lorsqu'il ne lui faut qu'une petite somme. Il vante
quelque autre fois publiquement la générosité de cet
homme, pour le piquer d'honneur et le conduire à lui
faire une grande largesse. Il ne pense point à profiter
de toute sa succession, ni à s'attirer une donation
générale de tous ses biens, s'il s'agit surtout de les
enlever à un fils, le légitime héritier. Un homme dévot
n'est ni avare, ni violent, ni injuste, ni même intéressé.
Onuphre n'est pas dévot, mais il veut être cru tel, et,
par une parfaite quoique fausse imitation de la piété,
ménager sourdement ses intérêts: aussi ne se joue-t-il
pas à la ligne directe, et il ne s'insinue jamais dans
une famille où se trouvent tout à la fois une fille à
pourvoir et un fils à établir; il y a là des droits trop
forts et trop inviolables; on ne les traverse point sans
faire de l'éclat, et il l'appréhende, sans qu'une pareille
entreprise vienne aux oreilles du prince, à qui il

dérobe sa marche, par la crainte qu'il a d'être décou-
vert et de paraître ce qu'il est. Il en veut à la ligne
collatérale: on l'attaque plus impunément; il est la
terreur des cousins et des cousines, du neveu et de la
nièce, le flatteur et l'ami déclaré de tous les oncles qui
ont fait fortune; il se donne pour l'héritier légitime
de tout vieillard qui meurt riche et sans enfants; et il
faut que celui-ci le déshérite, s'il veut que ses parents
recueillent sa succession: si Onuphre ne trouve pas
jour à les en frustrer à fond, il leur en ôte du moins
une bonne partie: une petite calomnie, moins que
cela, une légère médisance lui suffit pour ce pieux
dessein; et c'est le talent qu'il possède à un plus haut
degré de perfection; il se fait même souvent un point
de conduite de ne le pas laisser inutile: il y a des gens,
selon lui, qu'on est obligé en conscience de décrier;
et ces gens sont ceux qu'il n'aime point, à qui il veut
nuire, et dont il désire la dépouille. Il vient à ses
fins sans se donner même la peine d'ouvrir la bouche;
on lui parle d'*Eudoxe*, il sourit ou il soupire; on l'interroge, on insiste: il ne répond rien, et il a raison: il
en a assez dit.

Riez, *Zélie*, soyez badine et folâtre à votre ordinaire:
qu'est devenue votre joie? "Je suis riche, dites-vous,
me voilà au large, et je commence à respirer." Riez
plus haut, Zélie, éclatez: que sert une meilleure
fortune, si elle amène avec soi le sérieux et la tristesse?
Imitez les grands qui sont nés dans le sein de l'opulence; ils rient quelquefois, ils cèdent à leur tempérament, suivez le vôtre: ne faites pas dire de vous qu'une
nouvelle place ou que quelques mille livres de rente
de plus ou de moins vous font passer d'une extrémité
à l'autre. "Je tiens, dites-vous, à la faveur par un

endroit." Je m'en doutais, Zélie; mais, croyez-moi, ne laissez pas de rire, et même de me sourire en passant, comme autrefois: ne craignez rien, je n'en serai ni plus libre ni plus familier avec vous; je n'aurai pas une moindre opinion de vous et de votre poste; je croirai également que vous êtes riche et en faveur. "Je suis dévote," ajoutez-vous. C'est assez, Zélie, et je dois me souvenir que ce n'est plus la sérénité et la joie que e sentiment d'une bonne conscience étale sur le visage; les passions tristes et austères ont pris le dessus et se répandent sur les dehors: elles mènent plus loin, et l'on ne s'étonne plus de voir que la dévotion sache encore mieux que la beauté et la jeunesse rendre une femme fière et dédaigneuse.

L'on a été loin depuis un siècle dans les arts et dans les sciences, qui toutes ont été poussées à un grand point de raffinement, jusques à celle du salut, que l'on a réduite en règle et en méthode, et augmentée de tout ce que l'esprit des hommes pouvait inventer de plus beau et de plus sublime. La dévotion et la géométrie ont leurs façons de parler, ou ce qu'on appelle les termes de l'art: celui qui ne les sait pas n'est ni dévot ni géomètre. Les premiers dévots, ceux mêmes qui ont été dirigés par les Apôtres, ignoraient ces termes: simples gens qui n'avaient que la foi et les œuvres, et qui se réduisaient à croire et à bien vivre!

C'est une chose délicate à un prince religieux de réformer la cour et de la rendre pieuse: instruit jusques où le courtisan veut lui plaire, et aux dépens de quoi il ferait sa fortune, il le ménage avec prudence, il tolère, il dissimule, de peur de le jeter dans l'hypocrisie ou le sacrilège; il attend plus de Dieu et du temps que de son zèle et de son industrie.

C'est une pratique ancienne dans les cours de donner des pensions et de distribuer des grâces à un musicien, à un maître de danse, à un farceur, à un joueur de flûte, à un flatteur, à un complaisant : Ils ont un mérite fixe et des talents sûrs et connus qui amusent les grands et qui les délassent de leur grandeur. On sait que Favier est beau danseur, et que Lorenzani fait de beaux motets ; qui sait, au contraire, si l'homme dévot a de la vertu ? Il n'y a rien pour lui sur la cassette ni à l'épargne, et avec raison : c'est un métier aisé à contrefaire, qui, s'il était récompensé, exposerait le prince à mettre en honneur la dissimulation et la fourberie, et à payer pension à l'hypocrite.

L'on espère que la dévotion de la cour ne laissera pas d'inspirer la résidence.

Je ne doute point que la vraie dévotion ne soit la source du repos ; elle fait supporter la vie et rend la mort douce : on n'en tire pas tant de l'hypocrisie.

Chaque heure, en soi comme à notre égard, est unique : est-elle écoulée une fois, elle a péri entièrement ; les millions de siècles ne la ramèneront pas. Les jours, les mois, les années, s'enfoncent et se perdent sans retour dans l'abîme des temps. Le temps même sera détruit : ce n'est qu'un point dans les espaces immenses de l'éternité, et il sera effacé. Il y a de légères et frivoles circonstances du temps qui ne sont point stables, qui passent, et que j'appelle des modes, la grandeur, la faveur, les richesses, la puissance, l'autorité, l'indépendance, le plaisir, les joies, la superfluité. Que deviendront ces modes quand le temps même aura disparu ? La vertu seule, si peu à la mode, va au delà des temps.

www.ingramcontent.com/pod-product-compliance
Ingram Content Group UK Ltd.
Pitfield, Milton Keynes, MK11 3LW, UK
UKHW042147280225
455719UK00001B/165